Kohlhammer

Kompass Recht
herausgegeben von Dieter Krimphove

Kapitalmarktrecht

von

Prof. Dr. jur. Dieter Krimphove
Universität Paderborn

und

Christoph Lüke
Universität Paderborn

Verlag W. Kohlhammer

Inhalt des Download-Materials:
- Gesetze und sonstige Normen
- Gerichtsentscheidungen
- Multiple-Choice-Test
- Weiterführende Informationen und Übersichten

Download des o. g. Materials unter https://dl.kohlhammer.de/978-3-17-034519-5

Die in dem Werk verwendeten Symbole bedeuten:

 = Klausurtipps für Studenten

 = Tipps für Praktiker

 = Weiterführender bzw. ergänzender Text als Download-Datei

Alle Rechte vorbehalten
© 2022 W. Kohlhammer GmbH Stuttgart
Gesamtherstellung: W. Kohlhammer GmbH, Stuttgart

Print:
ISBN: 978-3-17-034519-5

E-Book-Format:
pdf: ISBN 978-3-17-042333-6

Dieses Werk einschließlich aller seiner Teile ist urheberrechtlich geschützt. Jede Verwendung außerhalb der engen Grenzen des Urheberrechts ist ohne Zustimmung des Verlags unzulässig und strafbar. Das gilt insbesondere für Vervielfältigungen, Übersetzungen, Mikroverfilmungen und für die Einspeicherung und Verarbeitung in elektronischen Systemen.

Für den Inhalt abgedruckter oder verlinkter Websites ist ausschließlich der jeweilige Betreiber verantwortlich. Die W. Kohlhammer GmbH hat keinen Einfluss auf die verknüpften Seiten und übernimmt hierfür keinerlei Haftung.

Vorwort

Kaum ein anderes Rechtsgebiet ist wie das Kapitalmarktrecht einem ständigen und raschen Wandel unterworfen.

Hierfür sorgt nicht nur die „Internationalisierung" und „Europäisierung" des Kapitalmarktrechts, insbesondere durch die „Baseler-Beschlüsse" wie auch europäische Verordnungen und Richtlinien, sondern auch die stetig wachsenden Ansprüche und Anforderungen eines sich wandelnden Marktes. Kapitalanlagen in Zertifikate und Bitcoins sowie in sich stetig wandelnde neuerschaffende Derivate waren noch vor wenigen Jahren vollständig unbekannt.

Unbekannt sind auch die aktuellen Handelsformen des Kapitalanlagengeschäfts. Bestand noch vor wenigen Jahren der Handel von Kapitalanlagen in einem vertrauensvollen Gespräch mit dem „Anlageberater", so erlaubt der Einsatz des Computers, Tablets oder Mobiltelefons einen Handel von Kapitalanlagen in Echtzeit zu jeder Tageszeit und an jedem (beliebigen) Ort. Auch Möglichkeiten des über die moderne Datentechnik koordinierten Erwerbs, etwa in Gestalt des Crowdinvesting, bieten dem heutigen Anleger nahezu ungeahnte Möglichkeiten, sein Geld schnell und weltweit anzulegen.

Allerdings beinhaltet diese rasche und permanente Entwicklung auch zahlreiche Gefahren nicht nur für den Anleger, sondern auch für die Banken, Finanzdienstleister und Herausgeber (Emittenten) von Kapitalanlagen. Diese Gefahren „einzufangen", international effizient zu begegnen und ihnen im Idealfall wirksam vorzubeugen, ohne das Geschehen auf dem Kapitalmarkt (nicht zu sehr) zu beeinträchtigen, ist Forderung des modernen Kapitalmarktrechts.

Wohl zu den erfolgreichsten „Motoren" des Kapitalanlagerechts zählen, so paradox es klingen mag nach Auffassung der Autoren, die Banken- und Kapitalmarktkrisen der letzten Jahre (*Krimphove*, ZfgK 2015, 1115 ff.). Diese haben, wenn auch in einer zeitlichen Verzögerung von mehreren Jahren, zunächst den internationalen bzw. den europäischen und danach den nationalen, deutschen Gesetzgeber bewogen, Rechtsnormen zu schaffen, die ein erneutes Entstehen derartiger Krisensituationen verhindern und deren eingetretene Folgen abmildern, sowie letztlich das (Kunden-)Vertrauen in den Kapitalmarkt wiederbeleben (📖 → Anhang 1 DAX-Entwicklung 1971–2021 und Kapitalmarktkrisen; siehe auch unten: 13. Kapitel).

Aufgrund der inzwischen unbestreitbaren Internationalisierung der Kapitalmärkte können diese gesetzgeberischen Maßnahmen vor allem international ausfallen. Neben der eben beschriebenen Schlagzahl der Zunahme an neuen Marktprodukten und Vermarktungstechniken trägt aber gerade die Internationalisierung bzw. die Europäisierung des Kapitalmarktrechts zu einer großen Verunsicherung bei Praktikern wie bei Juristen (Rechtsanwendern) bei. Die oft in einer fremden Sprache ausgedrückten Inhalte eines fremden, vor allem US-amerikanischen Rechts, dessen Rechtsinstitute und Rechtsanwendungstechniken (Case-Law) verwirren den Rechtsanwender eher, als dass sie plausibel Kriterien für den geeigneten Umgang mit Recht liefern können.

Der vorliegende Band Kapitalmarktrecht, aus der Reihe Kompass-Recht, vermittelt mehr als einen Kurzüberblick in diese aktuelle, quirlige und vor allem praxisbezogene Rechtsmaterie.

Er führt den Leser – in einer verständlichen Sprache – in dieses aufregende Rechtsgebiet ein und erläutert in elektronischer Form anhand von vertiefenden Texten, Abbildungen, juristisch gelösten Musterklausuren und Schaubildern den Inhalt und die ökonomische Funktionsweise des aktuellen Kapitalmarktrechts. Im Vordergrund dieser Darstellung steht dabei nicht das sture Auswendiglernen von Fakten, sondern die Freude des Nutzers an einer eigenkritischen Beschäftigung mit den vielfältigen Inhalten des Kapitalmarktrechts und ihren Wirkungen auf den Kapital- und Bankenmarkt.

Dabei wendet sich dieser Band nicht nur an Studierende der Wirtschaftswissenschaften und Bankbetriebswirtschaftslehre, an Banken- und Finanzdienstleister, Emittenten von Aktien und deren Rechtsabteilungen, sondern gerade auch an Anleger, Mitarbeiter und Auszubildende von Banken und Finanzdienstleistern. Diesen wünschen wir, bei der Durchsicht des Bandes, aber auch bei dessen konsequenter Durcharbeitung, viel Spaß.

Münster/Paderborn, im Frühjahr 2022

Die Autoren

Prof. Dr. jur. Dieter Krimphove   Christoph Lüke

Inhaltsverzeichnis

	Seite
Vorwort	V
Abkürzungsverzeichnis	XI
Literaturverzeichnis	XV

1. Kapitel **Worum es im Kapitalmarktrecht geht**	1
I. Über das Vertrauen in das ordnungsgemäße Funktionieren des Marktes	2
II. Die Notwendigkeit der Markttransparenz	3
III. Die Notwendigkeit von Mitteilungspflichten	4
1. Der Marktmechanismus versus Mitteilungspflichten	4
2. Staatliche Straf- oder Bußgelder versus Mitteilungspflichten	5

2. Kapitel **Die Normen des Kapitalmarktrechts**	7
I. Internationale Rechtsnormen des Kapitalmarktrechts	7
II. Europarechtliche Regelungen	9
III. Europäische Richtlinien und Verordnungen	9
1. MiFID II (Rl 2014/65/EU)	10
2. MiFIR (VO 600/2014)	11
IV. Das „Puzzle" des europäischen Kapitalmarktrechts	12
V. Die Verlautbarungen, Guidelines bzw. Leitlinien der europäischen Behörden	15
1. Guidelines	15
2. Die rechtliche Wirkung der Guidelines	15
VI. Das deutsche Kapitalmarktrecht	16

3. Kapitel **Das Börsenrecht**	18
I. Die Märkte des Börsenrechts	18
II. Börsenprodukte	21
III. Die Organisationsstruktur der Börse	25
IV. Der Handel von Wertpapieren an der Börse	28
1. Der regulierte Markt	28
2. Zulassung zum Freiverkehr	31
V. Die Pflichten des Emittenten nach der Wertpapierausgabe	31
VI. Ausscheiden des Wertpapiers aus dem Börsenhandel (sog. Delisting)	33

4. Kapitel Prospekt-Pflicht für Wertpapiere ... 37
I. Zeitpunkt und Inhalt der Prospekterstellung ... 39
II. Billigung des Prospekts durch die BaFin ... 40
III. Der kleine Prospekt: Das Wertpapierinformationsblatt (WIB) ... 41

5. Kapitel Prospekthaftung ... 42
I. Haftung für fehlerhaften Prospekt (§§ 9, 10 WpPG) ... 43
   1. Ursächlichkeit ... 45
   2. Anspruchsgegner bei fehlerhaftem Prospekt (Prospekterlasser und Prospektveranlasser) ... 45
   3. Verschulden ... 47
   4. Rechtsfolgen ... 47
II. Haftung für fehlende Veröffentlichung des Prospekts (§ 14 WpPG) ... 49
III. Bürgerlich-rechtliche Prospekthaftung für fehlerhafte Prospekte ... 51

6. Kapitel Produktfreigabeverfahren (Product Governance) ... 55
I. Produktfreigabeverfahren des Konzepteurs ... 55
II. Produktfreigabeverfahren des Vertriebs ... 57

7. Kapitel Die Anlageberatung ... 58
I. Wirtschaftliche Hintergründe der Anlageberatung und Anlageberatungshaftung ... 58
II. Haftungsregelungen bei Beratungsverschulden ... 59
   1. Haftung bei der schuldhaften Verletzung der Aufklärung als Nebenpflicht ... 59
   2. Haftung bei schuldhafter Pflichtverletzung des Beratungsvertrags ... 59
   3. Haftung bereits im vorvertraglichen Beratungsverhältnis ... 60
   4. Die außervertraglichen oder gesetzlichen Schadenersatzansprüche ... 60
III. Inhalt und Umfang der Beratungspflicht ... 60
   1. Die Informationsbedürftigkeit des Anlegers ... 62
   2. Die Ermittlung des Aufklärungsbedarfs („know your customer") ... 64
   3. Der Gegenstand des Anlagegeschäfts als Maßstab des Umfangs der Kundeninformation ... 67
IV. Sonderfrage Anlageberatung/Anlagevermittlung ... 72
V. Sonderfrage nachträglicher Informationspflichten, Erkundigungs- und Überwachungspflichten ... 72

VI.	Grenzen der Anlageberatungs- und Aufklärungspflicht	73
	1. Beratungsverzicht des Kunden	74
	2. Verjährung	74
	3. Der Haftungsausschluss	75
	4. Mitverschulden des Kunden	76
VII.	Darlegungs- und Beweislast	78
	1. Grundsätze	78
	2. Beweis der Ursächlichkeit zwischen Falschberatung und dem Schaden	78

8. Kapitel Verhaltens- und Organisationspflichten von Wertpapierdienstleistungsunternehmen 80

9. Kapitel Informationspflichten im internationalen Bank- und Kapitalmarktrecht 85

I.	Die wichtigsten Informationspflichten	85
	1. Informationspflichten der Finanzdienstleister	85
	2. Informationspflicht der Emittenten gegenüber Anlegern und der Öffentlichkeit	86
	3. Anleger-Mitteilungspflichten.	87
II.	Rechtsfolgen.	87

10. Kapitel Insiderhandelsrecht und Marktmanipulationen 88

I.	Das Insiderhandelsrecht	88
	1. Die Insiderhandlungs-Verbotstatbestände	89
	2. Der Begriff der Insiderinformation	89
	3. Erwerb und Veräußerung von Insiderpapieren	90
	4. Empfehlen von Insidergeschäften und Anstiften	90
	5. Die Insider	90
	6. Sonderfall: Offenlegung von Insiderinformationen	91
	7. Legitime Handlungen	92
	8. Rechtsfolgen	92
	9. Sonderfall: Schadenersatzansprüche Privater im Zusammenhang mit Insiderinformationen	92
II.	Die Marktmanipulation.	95
	1. Marktmissbrauchstathandlungen	95
	2. Sonderproblem „Scalping"	97
	3. Legitime Missbrauchshandlungen	100
	4. Rechtsfolgen	100

11. Kapitel **Die Übernahme börsennotierter Unternehmen** 101
I. Systematisierung: Einfaches Erwerbsangebot, Übernahmeangebot und Pflichtangebot 102
II. Der Ablauf des Angebotsverfahrens 104
   1. Die Entscheidung zur Angebotsabgabe (§ 10 WpÜG) 104
   2. Das öffentliche Angebot (§ 11 WpÜG) 104
   3. Die Stellungnahme der Zielgesellschaft (§ 27 WpÜG) 105
   4. Annahme des Angebots (§ 16 WpÜG) 105
III. Feindliche Übernahme und Squeeze Out 106

12. Kapitel **Investmentrecht** 109
I. Vorteile für den Anleger 110
II. Nachteile für den Anleger 112
III. Das KAGB 114

13. Kapitel **Das Aufsichtsrecht über Banken, Kreditinstitute, Finanzdienstleister und Börsen** 118
I. Das deutsche „Bankenaufsichtsrecht" 119
II. Beaufsichtigung der Finanzdienstleistungsinstitute 121
III. Spezialnormierung der Aufsicht der Wertpapierinstitute 123
   1. Klassifizierung von Instituten 123
   2. Einteilung der Wertpapierinstitute 123
IV. Die Sonderaufsicht für Investmentvermögen 126
V. Die staatliche Beaufsichtigung von Zahlungsdienstleistern 127
   1. Zahlungsdienste 127
   2. Die staatliche Zahlungsdienstleisteraufsicht 127
   3. Aufsichtsmaßnahmen 128
VI. Die Beaufsichtigung der Börsen 128
VII. Rechtsfolgen 130
   1. Rechtsfolgen bei aufsichtsrechtsrelevanten Pflichtverletzungen des Instituts 130
   2. Zivilrechtliche Rechtsfolgen bei Aufsichtsfehlern (Aufsichtsverschulden) 131
   3. Haftung der Aufsichtsbehörden 131

Stichwortverzeichnis 133

Abkürzungsverzeichnis

2. FimaNoG	Zweites Finanzmarktnovellierungsgesetz
Abs.	Absatz
ADRs	American Depositary Receipts
AEUV	Vertrag über die Arbeitsweise der Europäischen Union
a. F.	alte Fassung
AG	Aktiengesellschaft
AGB	Allgemeine Geschäftsbedingungen
AIF	Alternative Investmentfonds
AktG	Aktiengesetz
Art.	Artikel
BaFin	Bundesanstalt für Finanzdienstleistungsaufsicht
BetrVG	Betriebsverfassungsgesetz
BGB	Bürgerliches Gesetzbuch
BGH	Bundesgerichtshof
BGHZ	Bundesgerichtshof in Zivilsachen
BörsG	Börsengesetz
BörsZulV	Börsenzulassungs-Verordnung
BT	Besonderer Teil
BVerfG	Bundesverfassungsgericht
bzw.	beziehungsweise
CDIs	Crest Depositary Interests
CRD	Capital Requirement Directive (Rl. 2013/36)
CRR	Capital Requirement Regulation (VO 575/2013/EU)
CSDR	Central Securities Depositories Regulation
d. h.	das heißt
EBA	European Banking Authority
EDRs	European Depository Receipts
EEX	European Energy Exchange
EGAktG	Einführungsgesetz zum Aktiengesetz
E-Geld	elektronisches Geld
EIOPA	European Insurance and Occupational Pensions Authority
EMIR	European Market Infrastructure Regulation

XI

ESMA	European Securities and Markets Authority
etc.	et cetera
EU-Prospekt-VO	Verordnung Nr. 2017/1129
EuGH	Europäischer Gerichtshof
EZB	Europäische Zentralbank
f.	folgende
ff.	fortfolgende
GDRs	Global Depository Receipts
GG	Grundgesetz
GmbH	Gesellschaft mit beschränkter Haftung
IDRs	International Depository Receipts
IFD	Investment Firm Directive
IFR	Verordnung 2019/2033
i. H. v.	in Höhe von
IntKapMR	Internationales Kapitalmarktrecht
i. o. S.	im obigen Sinne
IOSCO	International Organization of Securities Commissions
IPR	Internationales Privatrecht
i. V. m.	in Verbindung mit
JW	Juristische Wochenschrift
KAGB	Kapitalanlagegesetzbuch
KGaA	Kommanditgesellschaft auf Aktien
KMU	kleine und mittelgroße Unternehmen
KVG	Kapitalverwaltungsgesellschaft
KWG	Kreditwesengesetz
LG	Landgericht
lit.	Buchstabe
MaComp	Rundschreiben 05/2018 (WA) – Mindestanforderungen an die Compliance-Funktion und weitere Verhaltens-, Organisations- und Transparenzpflichten
MAD	Market Abuse Directive
MAR	Market Abuse Regulation
MiFID	Markets in Financial Instruments Directive
MiFIR	Markets in Financial Instruments Regulation
m. w. H.	mit weiteren Hinweisen
NJW	Neue Juristische Wochenschrift
NJW-RR	Neue Juristische Wochenschrift – Rechtsprechungs-Report

Nr.	Nummer
NZG	Neue Zeitschrift für Gesellschaftsrecht
OGAW	Organismen für gemeinsame Anlagen in Wertpapieren
OLG	Oberlandesgericht
OTC	over the counter
OTF	organised trading facility
PRIIPs	Packaged Retail and Insurance-based Investment Products
Q & A	Fragen & Antworten
RG	Reichsgericht
RGZ	Reichsgericht in Zivilsachen
Rl.	Richtlinie
Rn.	Randnummer
S.	Seite
sog.	sogenannt
SSR	Short Selling Regulation
Transp-ÄnderungsRl.	Transparenz-Änderung-Richtlinie (2004/109/EG)
Tz.	Teilziffer
UmwG	Umwandlungsgesetz
u.U.	unter Umständen
VermAnlG	Vermögensanlagengesetz
vgl.	vergleiche
VO	Verordnung
WM	Wertpapiermitteilung
WpDVerOV	Wertpapierdienstleistungs-Verhaltens- und Organisationsverordnung
WpHG	Wertpapierhandelsgesetz
WpHGMaAnzV	WpHG-Mitarbeiteranzeigeverordnung
WpIG	Wertpapierinstitutsgesetz
WpPG	Wertpapierprospektgesetz
WpÜG	Wertpapiererwerbs- und Übernahmegesetz
WpÜG-AngebotsVO	WpÜG-AngebotsVO
ZAG	Zahlungsdiensteaufsichtsgesetz
z. B.	zum Beispiel
ZfgK	Zeitschrift für das gesamte Kreditwesen
ZIP	Zeitschrift für Wirtschaftsrecht

Literaturverzeichnis

Canaris, Bankvertragsrecht, 2011, Reprint 2005
Krimphove, Anlageberatung – Das System der zivilrechtlichen Haftung von Kreditinstituten, 1992
Krimphove, Banken- und Wirtschaftskrisen als „Motor" der Entwicklung des Bank- und Kapitalmarktrechts, ZfgK 22/2015, 1115–1119
Krimphove, Europäisierung des Bank- und Wertpapierhandelsstrafrechts, KritV 2007, 425–442
Krimphove, Europarecht, 3. Aufl., 2019
Krimphove, Fragwürdige Europäisierung – Rechtsstaatliche Probleme des neuen deutschen Insider- und Marktmanipulationsstrafrechts, KritV 2018, 56–67
Krimphove, Kommentar zur MaComp, 3. Aufl., 2021
Krimphove/Lüke, Banken: „Mitarbeiter-Zuverlässigkeit", Compliance-Berater 10/2021, 389–391
Krimphove/Lüke, Kommentierung zu BT 11 Qualifikation der Mitarbeiter von Wertpapierdienstleistungsunternehmen, in: Krimphove (Hrsg.), Kommentar zur MaComp, 3. Aufl., 2021, S. 647–674
Krimphove/Monnet, Zertifikatehandel in Deutschland – Rechtslage und Wettbewerbsverzerrung, Finanz-Betrieb, 8. Jg., 2006, Nr. 4, 255–263
Krimphove/Regel, Erfolgreiche Anlageberatung – Produktwissen und Aufklärungspflichten bei Aktien, Anleihen, Investmentfonds und Derivaten, 2002
Rollinger, Aufklärungspflichten bei Börsentermingeschäften, 1990
Soergel, Bürgerliches Gesetzbuch mit Einführungsgesetz und Nebengesetzen (BGB), Band 27/1, 13. Aufl., 2019

1. Kapitel Worum es im Kapitalmarktrecht geht

Märkte (allgemein) bringen interessierte Käufer und Verkäufer zusammen. Diese tauschen – aufgrund der am Markt bestehenden Konkurrenz – ihre Angebote (Waren) und Leistungen zu einem **fairen Preis** aus. Je intensiver ein Markt funktioniert, desto mehr Produkte und Leistungen kann ein Käufer zu einem günstigen Preis erwerben, um diese in seinem Geschäftsbetrieb gewinnbringend einzusetzen, und desto mehr Produktionsmittel (Geld) erhält der Verkäufer, um mit ihnen seine Produktion auszubauen und seine Waren in größerem Umfang anzubieten. Ein funktionierender Markt verhilft den auf ihm tätigen Akteuren daher auch zu den für sie wirtschaftlich nötigen Waren und Dienstleistungen und garantiert ihnen ihren geschäftlichen Fortbestand am Markt. **1**

Dies gilt nicht nur für einen Markt für Obst und Gemüse oder Beratungsdienstleistungen, sondern in besonderem Maße auch für den Kapitalanlagemarkt. Eigens beim Kapitalmarkt tritt zudem die **Unternehmens-Finanzierungs-Funktion** in den Vordergrund. **2**

Unternehmen, insbesondere Aktien-Gesellschaften, erhalten durch die Ausgabe (Emission) von Unternehmensanteilen (Aktien) Geld von den Aktienkäufern und finanzieren hierdurch ihre Unternehmens- bzw. deren Geschäftstätigkeit (zu den Formen der Unternehmensfinanzierungen siehe 👆 → Anhang 2). Somit besitzt eigens das Kapitalmarktrecht eine besondere Bedeutung für **3**

- den Bestand und das **Verbleiben der Unternehmen am Markt** und damit auch
- für den **Wettbewerb**. Verbleiben nämlich viele Unternehmen am Markt, gewährleistet dies, dass sich diese Konkurrenz machen und jeder Nachfrager mit einem für ihn günstigen Marktpreis bzw. günstige Marktbedingungen rechnen kann.

I. Über das Vertrauen in das ordnungsgemäße Funktionieren des Marktes

4 Ein Markt funktioniert am besten, wenn sich die Teilnehmer auf sein ordnungsgemäßes Funktionieren – d. h. insbesondere auf ein ehrliches, faires und verlässliches Verhalten aller seiner Akteure – verlassen können. Vertrauen nämlich die Akteure auf ein ordnungsgemäßes Verhalten all ihrer Geschäftspartner, kommen sie gar nicht in die Notwendigkeit, eingehende Erkundigungen über deren Geschäftsgebaren, deren Zahlungswilligkeit und vor allem -fähigkeit einzuholen. Derartige Informationen sind ohnehin extrem teuer, da sich kaum ein Geschäftsmann freiwillig in die Karten blicken lässt. Diese Ausgaben verbessern auch weder das Produkt noch seinen Vertrieb. Sie können eine solche Höhe erreichen, dass die Parteien dann auf die Durchführung des Geschäfts ganz verzichten (**prohibitive Kosten**).

5 Beispiel:
Wenn ein Anleger Aktien von einem übel beleumundeten Anbieter i. H. v. 2.800 € erwerben will, aber zu seiner Absicherung durch Detektive oder Finanz- und Wirtschaftsauskunfteien dessen **Zahlungswilligkeit** und **-fähigkeit** für 2.300 € ermitteln lassen muss, wird er auf den Kauf der Aktien selbst dann verzichten, wenn er dringend auf den Erwerb dieser Aktien angewiesen ist.

6 Kann er aber dem Anbieter gerechtfertigter Weise vertrauen, so muss er derartige **Informationsaufwendungen** nicht tätigen. Er verbessert seine Geschäftstätigkeit.

7 Derartiges Vertrauen gerade in die **Zahlungsfähigkeit** eines Finanzdienstleisters bilden sein ausgezeichneter **Ruf**, der sich in der Geschichte und auch in schweren Zeiten gebildet hat und bis heute unbeschadet fortdauert, Jahreszahlen der Gründung des Unternehmens, aber auch repräsentative Unternehmenssitze. Auch **Rating-Ergebnisse** bilden ebenso Indizien einer Vertrauenswürdigkeit.

8 Ein weiteres geeignetes Mittel zum Erreichen des Vertrauens in das ordnungsgemäße Funktionieren des Kapitalmarktes ist das Einhalten von gesetzlichen Vorschriften, die ein ordnungsgemäßes Funktionieren des Kapitalmarktes gewährleisten.

Hierzu zählen insbesondere Normen zur Sicherung der Kapitalausstattung **9**
sowie solche zur Untersagung **verbotener Geschäfte**, wie Betrug (§ 263 StGB),
Kapitalanlagebetrug (§ 264a StGB), Unterschlagung (§ 246 StGB), Insidergeschäfte, Marktmanipulationen, Geldwäsche (§ 261 StGB), Verleiten zu Börsenspekulationsgeschäften (§ 61 i. V. m. § 23 Abs. 1 BörsG), Ausgabe fehlerhafter
Börsenprospekte (§ 21 WpPG; §§ 340 Abs. 2 Nr. 13, 36, 38, 39, 40, 73 KAGB;
§ 340 Abs. 6 Nr. 7, 10 KAGB), Insiderstrafrecht (§ 119 Abs. 3 WpHG i. V. m.
Art. 14 a, b, c VO 596/2014), Marktmanipulation (§ 120 WpHG i. V. m. Art. 15
i. S. d. Art. 12 VO 596/2014) u. v. a. m.

In vielen dieser Normen setzt der Staat mit seinem härtesten Instrument an,
das ihm zusteht, nämlich dem **Strafrecht**. Den gegen die Norm verstoßen-
den Täter können staatliche Gerichte dann nicht nur zu einer **Geldstrafe** (entsprechend seines Verdienstes nach Tagessätzen), sondern auch zu einer **Frei-
heitsstrafe** verurteilen. Im Gegensatz zu einem **Bußgeld** ist der strafrechtlich
verurteilte Täter vorbestraft.

II. Die Notwendigkeit der Markttransparenz

Allerdings ist – trotz gesetzlicher Normen – das Vertrauen in den Kapitalmarkt **10**
ohnehin nur schwer zu erreichen. Dies liegt nicht etwa daran, dass alle auf dem
Kapitalmarkt Tätigen eine besonders hohe kriminelle Energie aufweisen. Be-
trüger, die die schon vergammelte Ware nach unten packen und dann als fri-
sche mitverkaufen, oder Scharlatane, die mit obskuren Behandlungsmethoden
unheilbare Krankheiten kurieren, finden sich auch auf den Produkt- oder den
Dienstleistungsmärkten.

Im Gegensatz zu diesen Märkten ist gerade der Kapitalmarkt undurchschaubar, **11**
also **intransparent**. So lassen sich die Qualität der unterschiedlichen und kaum
zu durchschauenden Anlageprodukte, ihr Erwerbsverfahren oder ihre Anbieter
(vor allem, wenn diese aus dem Ausland stammen) weitaus schwieriger feststellen als eine faule Birne.

Für den Kapitalmarkt und sein Recht besteht also die Notwendigkeit, alle rele- **12**
vanten (maßgeblichen) Verhältnisse und Tatbestände auf diesem Markt trans-
parent, d. h. einsehbar und auch für jeden Marktteilnehmer verständlich, zu
gestalten.

13 Die Verständlichkeit nimmt gerade bei den Regelungen des Kapitalanlagekaufs eine besonders große Rolle ein.

14 Zahlreiche Normen des Kapitalmarktrechts sorgen für die Erstellung der notwendigen **Transparenz** des Kapitalanlagemarktes, indem sie Banken, Anlageemittenten und Finanzdienstleistern eine Vielzahl an **Melde-, Anzeige- und Informationspflichten** auferlegen (siehe 📖 → Anhang 3 Übersicht über Mitteilungspflichten).

III. Die Notwendigkeit von Mitteilungspflichten

15 Der europäische sowie der deutsche Gesetzgeber etablierten in den letzten sieben Jahren zahlreiche Mitteilungspflichten für Banken und Unternehmen der Kreditwirtschaft. Deren Einhaltung stellt für die Verpflichteten einen enormen **Aufwand** dar. Zum Teil scheinen Mitteilungspflichten derartig umfangreiche personelle und unternehmerische Ressourcen zu beanspruchen, dass Banken und mitteilungspflichtige Unternehmen die Einhaltung der Mitteilungspflichten (in der Praxis) lediglich als Selbstzweck erleben.

16 Mitteilungspflichten – speziell die der Banken und Versicherungsunternehmen – dienen
- der **Kenntlichmachung** und damit der **Verhütung** von rechtswidrigem Verhalten der Banken und Unternehmen sowie
- der **Vorbeugung** eintretender (Marktrisiken) Gefahren auf dem Kapital- und Anlagenmarkt. Somit stärken Mitteilungspflichten auch das **Vertrauen** der Verbraucher in die Funktionsfähigkeit des Finanz- und Kapitalanlagemarktes. Wobei an dieser Stelle nicht unerwähnt sein soll, dass bereits ein **funktionierender Markmechanismus** diesen Zwecken (Funktionsfähigkeit des Banken- und Kapitalanlagemarkt) dienen kann.

17 1. Der Marktmechanismus versus Mitteilungspflichten. So fördert ein funktionierender Markmechanismus das **Ausscheiden** nicht vertrauenswürdiger Anbieter aus dem Markt, denn im Falle einer zu teuren oder qualitativ schlechten Bankleistung oder sogar im Falle eines betrügerischen Verhaltens weichen die Nachfrager auf einen anderen Anbieter aus. Durch die so verringerte Nachfrage verliert der vertrauensunwürdige Anbieter Einkommensmöglichkeiten. Seine Konkurrenten verdrängen ihn vom Markt. Ein Anbieter wird sich daher überlegen müssen, ob er durch ein übertewertes und/oder qualitativ unzureichendes Angebot die Gefahr der Sanktion des Ausscheidens aus dem Markt riskieren will.

Der Marktmechanismus wirkt allerdings nur bei der **Durchsichtigkeit des** **18**
Marktes. Denn nur auf einem transparenten Markt verfügen die Teilnehmer über Informationen, die nötig sind, Anbieter vergleichen und einen günstigeren wählen zu können.

Eine derartige **Transparenz** besteht auf den nationalen Bankenmärkten und **19**
erst recht auf dem europäischen Bankenmarkt nicht. Denn diese gekennzeichnet ein Höchstmaß an Intransparenz. So sind ihre **Angebote** derart **komplex** und **spezialisiert**, dass sie – im Gegensatz etwa zu rein agrarischen Märkten – kaum noch vergleichbar und für den Nachfrager undurchschaubar sind: Zahllose Anlageprodukte wie etwa der Erwerb unterschiedlicher Formen von *Optionen, Fonds, Zertifikaten* treten insbesondere in der letzten Zeit auf und machen den Banken- und Anlagemarkt nicht nur für den Bankkunden, sondern auch für Finanzexperten nahezu **undurchsichtig**.

Die konstante Zunahme an **Fusionen** und **Unternehmensübernahmen** auf der **20**
Seite der Banken, Wertpapierhändler, Anlageberatungsunternehmen und vor allem der Emittenten steigern die Undurchschaubarkeit noch.

Eine weitere zusätzliche Potenzierung der Intransparenz auf den Banken- und **21**
Anlagemärkten Europas tritt speziell durch die beständig zunehmende **grenzüberschreitende Tätigkeit** von Banken, Kreditinstituten und Wertpapierdienstleistern auf dem europäischen Binnenmarkt, also durch die sog. „**Europäisierung**" dieser Märkte, ein. Auch die Entwicklungen des europäischen Rechts – speziell im Gesellschaftsrecht (man denke nur an die Rechtsentwicklung in der Rechtsprechung des EuGHs in den Fällen „Daily Mail" [⚖ → EUGH Rs. 81/87], „CENTROS" [⚖ → EUGH C-212/97] und „Überseering" [⚖ → EUGH C-208/00]) – steigern die Unsicherheit auf diesen Märkten erheblich. Zu erwarten steht, dass die Rechtsprechungspraxis des EuGHs zur Zulässigkeit unterschiedlicher Rechtsformen in anderen europäischen Mitgliedstaaten ein neues Feld der Verunsicherung auf dem Finanzmarkt eröffnen wird.

2. Staatliche Straf- oder Bußgelder versus Mitteilungspflichten. Auch die im **22**
Bankrecht häufig anzutreffenden **Sanktionen** des Straf- oder Ordnungswidrigkeitenrechts können den auf dem Bankenmarkt **fehlenden Marktmechanismus** nicht ersetzen. Zwar erhöhen die oben genannten Sanktionen die Kosten für ein zu missbilligendes, etwa ein betrügerisches, Bankverhalten. Der unredliche Anbieter kann dann – unter Einrechnung der Sanktion – nur noch kostenintensi-

siver als seine Konkurrenten seine Leistungen anbieten. Er verliert somit seine Konkurrenzfähigkeit. Ein unredlich agierender Anbieter wird daher gezwungen sein, entweder sein – sanktionsbewertetes und damit ökonomisch teures – Angebotsverhalten einzustellen oder aus Kostengründen vom Markt zu verschwinden.

23 Die Wirkung staatlicher Sanktionen ist in der Praxis allerdings gering. Oft greift nämlich ein schwerfälliges Behördensystem bei der aufwendigen und ggf. komplexen Aufklärung bank- und kapitalmarktrechtlicher Delikte nicht. So bleiben Straftaten und Ordnungswidrigkeiten des Bank- und Kapitalmarktrechts oft unentdeckt und unaufgeklärt und damit **sanktionslos**. Zudem existiert auf europäischer Ebene eine Spezialbehörde zur Verfolgung von unlauteren Marktverhalten bis heute nicht.

24 Das **US-amerikanische Recht** erhöht demgegenüber die „Aufklärungsdichte" von Bank- und Kapitalmarktrechtsübertretungen, indem es privaten Bürgern umfangreiche **Schadenersatzansprüche** zur Verfügung stellt.

25 Die durch **Mitteilungspflichten** zu schaffende Transparenz hat also den Zweck, einen fehlenden, einen nicht funktionierenden Marktmechanismus zu ersetzen (siehe auch 📖 → Anhang 4 Ökonomik von Mitteilungspflichten).

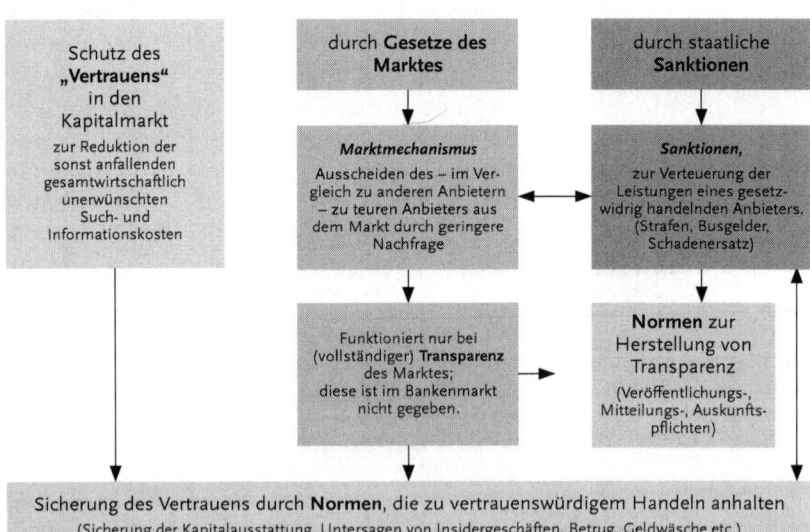

Abb. 1:   Ökonomik von Mitteilungspflichten

2. Kapitel Die Normen des Kapitalmarktrechts

Die Beschäftigung mit dem Kapitalmarktrecht fällt umso schwerer, als dieser aus einer Fülle unterschiedlicher Normen, verschiedener Provenienz besteht. Aufgrund der Internationalisierung und Europäisierung des Kapitalanlagemarktes und damit seines Rechts durchdringen unterschiedliche internationale und europäische Rechtsnormen das deutsche Kapitalmarktrecht. **26**

Hier ist nicht der Raum, auf alle diese Rechtsquellen einzugehen. Es erleichtert jedoch das Verständnis des Kapitalmarktrechts, die Funktionsweise eines jeden **Rechtsquellen-Typus** zu kennen. **27**

I. Internationale Rechtsnormen des Kapitalmarktrechts

Die Internationalisierung der Zahlungs- und Kapitalströme, mithin des Kapitalmarktes, erfordert mehr und mehr weltweite Regelungen. Diese haben grundsätzlich keinen Gesetzescharakter, sondern sind (vertragliche) **Vereinbarungen** zwischen einzelnen Staaten und/oder deren Vertretungen in internationalen Organisationen. **28**

> Die Staaten oder etwa die sie umfassenden Organisationen, wie etwa die Europäische Union (EU), müssen dann diese vertraglichen Regelungen in ihr Recht umsetzen.
> Eine unmittelbare Wirkung gegenüber den Banken, den Finanzdienstleistern oder den Bürgern entfalten diese „**völkerrechtlich-vertraglichen Regeln**" nicht.

Neben den Regelungen des **Baseler Ausschusses** (siehe 📖 → Anhang 5 Basel), **29**
- Basel I (Basel Committee on Banking Supervision – International Convergence of capital measurement and capital standards, Juli 1988),
- Basel II (*Basler Ausschuss für Bankenaufsicht* – Internationale Konvergenz der Eigenkapitalmessung und der Eigenkapitalanforderungen, 2004) oder

2. Kapitel   Die Normen des Kapitalmarktrechts

- **Basel III** (*Basler Ausschuss für Bankenaufsicht* – Internationale Rahmenvereinbarung über Messung, Standards und Überwachung in Bezug auf das Liquiditätsrisiko, 2010),
die vorwiegend die ausreichende **Kapitalausstattung** von Banken und Kreditinstituten grenzüberschreitend regeln,

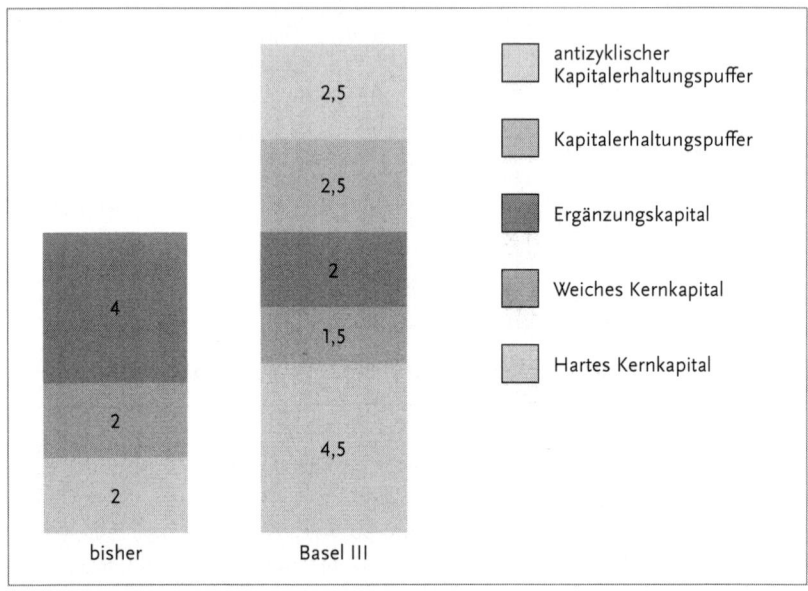

Abb. 2:   Eigenkapitalanforderungen Basel III

sind es insbesondere die
- Zielvorgaben und Prinzipien der **IOSCO** (*„IOSCO's Objectives and Principles of Securities Regulation"*), die auf internationaler Ebene das Kapitalmarktrecht regeln.

30   IOSCO ist eine Kooperation aus derzeit 129 regulären Mitgliedern (i. d. R. nationale Aufsichtsbehörden), die weltweit mehr als 95 % der Wertpapiermärkte überwachen. IOSCO fördert deren Zusammenarbeit bei der Erstellung, Umsetzung, Kontrolle und Einhaltung einheitlicher internationaler Standards des Wertpapierhandels und der Wertpapieraufsicht. Zu diesem Zweck entwickelt IOSCO **internationale Standards** der Aufsicht von Wertpapiermärkten, unter anderem auch die im Jahr 1988 verabschiedeten *Objectives and Principles of Securities Regulation*. Diese verfolgen in 30 einzelnen **Sicherheits-Leitsätzen** die

Aufrechterhaltung eines fairen, effizienten und transparenten Marktes zur Förderung des Vertrauens der Anleger in die Zuverlässigkeit des Kapitalmarktes sowie die Verstärkung des Anlegerschutzes und die Verminderung systemischer Risiken.

II. Europarechtliche Regelungen

Da sich die Europäische Union und schon damals ihre Vorgängerorganisationen, die Europäischen Gemeinschaften (EURATOM, Europäische Gemeinschaft für Kohle und Stahl [EGKS]: heute nicht mehr existent) und insbesondere die Europäische Wirtschaftsgemeinschaft (EWG), die europaweite Angleichung der Wirtschaftsbedingungen aller ihrer Mitgliedstaaten zum Ziel gesetzt hat, und insbesondere die **Dienstleistungsfreiheit** (Art. 56 ff. AEUV) sowie die **Kapital- und Zahlungsverkehrsfreiheit** (Art. 63 ff. AEUV) als eigene „Grundfreiheiten" ihrer Bürger etabliert hat (siehe: *Krimphove*, Europarecht, 3. Aufl. 2019, S. 87 ff. m. w. H.), finden sich zahlreiche Kapitalmarktregelungen gerade im **Europarecht** (siehe: *Krimphove*, Soergel: BGB-Kommentar, Bd. 27/1 IPR, 2019, IntKapMR, Rn. 72, 60 ff. m. w. H.). **31**

III. Europäische Richtlinien und Verordnungen

Hinsichtlich der Wirkung europäischer Rechtsquellen ist nach Art. 288 AEUV zu unterscheiden. **32**

Die **europäische Verordnung** (VO) gilt *unmittelbar* und *direkt* für alle europäischen Mitgliedstaaten sowie deren Bürger und die in ihnen ansässigen Unternehmen, wie Banken und Finanzdienstleister (Art. 288 Abs. 2 AEUV). Die europäische Verordnung ist neben dem Primärrecht des AEUV das einschneidenste Instrument zur Harmonisierung der verschiedenen Rechtsordnungen auf dem europäischen Binnenmarkt. **33**

Die **europäische Richtlinie** (Rl) wendet sich demgegenüber ausschließlich an die Mitgliedstaaten. Diese verpflichtet sie zur Umsetzung des europäischen Rechts in ihre nationalen Normsysteme. Dabei sind die Mitgliedstaaten bezüg- **34** lich der Wahl des Rechtscharakters und der formellen Umsetzungsbedingungen – nicht aber bezüglich des Inhaltes und des Zeitpunktes seiner Umsetzung – weitgehend frei.

Erst das nationale Recht, in das der Inhalt der europäischen Richtlinie umgesetzt ist, vermittelt dem europäischen Bürger bzw. Unternehmen, Banken und Finanzdienstleistern einen eigenen unmittelbaren Anspruch; sei es gegenüber einem europäischen Mitgliedstaat, sei es gegen einen Privaten.

Kennzeichnend für das Internationale Bank- und Kapitalmarktrecht ist die **Zurückhaltung**, mit der sich der europäische Gesetzgeber zu dem Erlass einer europäischen Verordnung entschließt. Die Richtlinie belässt – wenngleich auch nur in einem engen formellen, nicht aber inhaltlichen Rahmen – den Mitgliedstaaten die Möglichkeit eigener Einflussnahme. Auf diese Weise beachtet der europäische Gesetzgeber auch im internationalen Bank- und Kapitalmarktrecht das sog. Subsidiaritätsprinzip. Nach ihm soll vorrangig die kleinere vor einer größeren Einheit handeln, sofern die kleine Einheit den Konflikt befriedigend lösen kann.

35 1. **MiFID II (Rl 2014/65/EU).** Eine für das Kapitalmarktrecht wichtige europäische Regelung ist die EU-Richtlinie 2014/65/EU (sog. MiFID II-Richtlinie; *Markets in Financial Instruments Directive*). Sie hat der deutsche Gesetzgeber mit dem „Zweiten Finanzmarktnovellierungsgesetz" (**2. FiMaNoG**) zum 3. Januar 2018 in Kraft gesetzt. Damit regelt jetzt das deutsche Kapitalmarktrecht insbesondere
- das Insiderrecht,
  - Insiderinformationen (Art. 7 MAR),
  - Verbot von Insidergeschäften (Art. 14 MAR) und
  - Offenlegungspflichten von Insiderinformationen (Art. 17 MAR),
  - Emittenten zur Führung von Insiderlisten (Art. 18 MAR),
  - Marktmanipulation (Art. 12 MAR),
- die Verschärfung von Sanktionen (Art. 30 MAR), Maßnahmenkatalog (Art. 30 Abs. 2 MAR) (MAD II),
- die unabhängige Anlageberatung, Zuwendungsverbot,
- breite Produktpalette *(Derivate-Definition)*,
- Produkt-Governance,

- Wohlverhaltensregeln MiFID I auch für Emittenten,
  - z. B. Zielmarkt-Festlegung und Szenario-Analyse, Kostentransparenz, Konfliktmanagement,
  - Post-Sale-Obligations bei wesentlichen Marktänderungen,
- Befugnis der nationalen Aufsichtsbehörden, den Vertrieb einzuschränken (KlAnlegSchG Art. 3, WpHG § 4b),
- Aufzeichnung elektronischen Geschäftsverkehrs (MiFID II),
- Transparenz des Handels,
  - insbesondere bei strukturierten Produkten (Derivaten),
  - Datenband (Consolidated Tape),
  - Organised Trading Facilities,
- Hochfrequenzhandel,
  - Zulassungspflicht für Eigenhändler (MAR, FiMaNoG),
  - Verhinderungen von Störungen des Handels (z. B.: Scheinliquidität),
  - Einschränkung wegen technischer Überbeanspruchung des Hochfrequenzhandels,
  - Festlegung von Tick-Größen, Regelung Gebühren u. a.,
- Zugang zu zentralen Gegenparteien (*MiFIR*) (*EMIR*),
- EU-weite Reglementierung des Handels von OTC-Derivaten (MAR, *EMIR*, FiMaNoG).

Ferner führt die MiFID II eine neue Kategorie von Handelsplätzen für Schuldverschreibungen, strukturierte Finanzprodukte, Emissionszertifikate und Derivate, nämlich die **OTF** (= *organised trading facility*) ein bzw. schreibt eine Handelspflicht auf dem organisierten Markt vor. **36**

Zahlreiche weitere europarechtliche Normen – etwa die Durchführungsrichtlinie 2006/73/EG oder die Delegierte Richtlinie 2017/593 oder die Delegierte Verordnung VO 2017/565/EU – erläutern und konkretisieren den Inhalt der Rl. 2014/65 (MiFID II). **37**

2. MiFIR (VO 600/2014). Mit Hilfe der in den europäischen Mitgliedstaaten unmittelbar geltenden **Europäischen Finanzmarktverordnung** (*Markets in Financial Instruments Regulation* – MiFIR) möchte der europäische Gesetzgeber insbesondere die **Transparenz** für viele Produkte (zu dieser Notwendigkeit siehe oben Rn. 19, 25) auf dem europäischen Kapitalmarkt erhöhen, um diesen vor seiner starken Krisenanfälligkeit zu schützen und auch das Anlegervertrauen in ihn zu stärken. In diesem Sinne etabliert die MiFIR insbesondere **Meldepflichten** für einzelne, insbesondere außerbörsliche Geschäfte (**OTC** = *over the counter*), also insbesondere solche, die im elektronischen Handel oder seitens Nichtbanken bzw. im internen Bankenhandel geschlossen werden. **38**

39 Sie verpflichtet die Marktteilnehmer zu Informationen über Handelsmöglichkeiten und Kurse von alternativen Finanzinstrumenten und führt dazu auch **Informationspflichten** nach dem Erwerb von Anlagen ein. Ihre Maßnahmen stützt sie mit aufsichtsbehördlichen Befugnissen und Eingriffen in den Produkthandel und das Clearing.

40 Zu weiteren europäischen Kapitalmarkt-Rechtsnormen siehe ⬇ → Anhang 6 Vorschriften des EU-Kapitalmarktrechts.

IV. Das „Puzzle" des europäischen Kapitalmarktrechts

41 Mit Hilfe weiterer Regelungen, sei es in Gestalt von Verordnungen oder Richtlinien, bildet die **MiFID II** ein umfangreiches *„Puzzle"* des europäischen Kapitalmarktrechts:

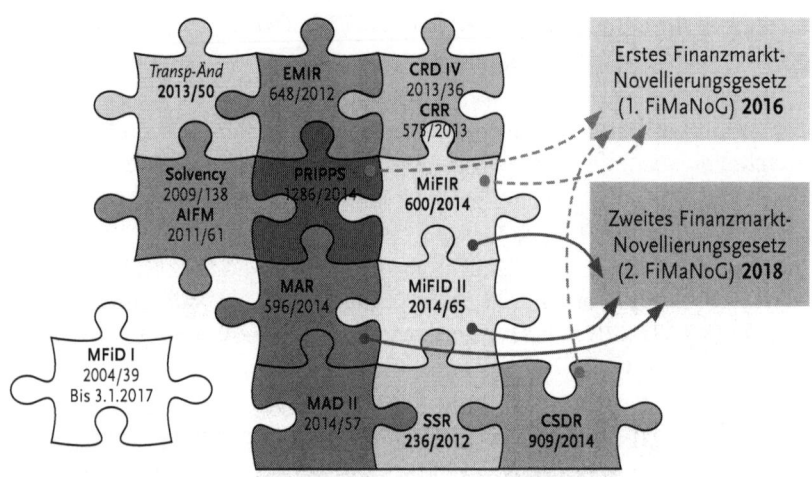

Abb. 3: Die MiFID II und das deutsche Recht

42 Deren Inhalte sind – zeitversetzt mit dem ersten und zweiten Finanzmarktförderungs-Novellierungs-Gesetz – 2016 bzw. 2018 Inhalt des deutschen Rechts geworden (siehe ⬇ → Anhang 7 MiFID II und das deutsche Recht).

IV. Das „Puzzle" des europäischen Kapitalmarktrechts

Tab. 1: Wichtige Regelungswerke des europäischen Kapitalmarktrechts

	EU-Regelung		Kurz-Inhalte	Eingeführte Neuerungen
1.	MiFID II	Markets in Financial Instruments Directive	Regelungen zur Erbringung von Wertpapierdienstleistungen, insbesondere Wohlverhaltens- und entsprechende Organisationspflichten, Regulierung der Handelsplätze mit Aufsichtsbefugnissen und Sanktionen der Aufsichtsbehörde	• Kosten Anlageberatung • Produkteignung • Gesprächsaufzeichnung
2.	MiFIR	Markets in Financial Instruments Regulation	Richtlinie schafft bestimmte Meldepflichten für einzelne (insbesondere OTC-) Geschäfte sowie eine Handelspflicht auf dem organisierten Markt. Sie statuiert Transparenz und aufsichtsbehördliche Eingriffe in den Produkthandel und das Clearing.	• Handel an regulierten Handelsplätzen • OTC-Produkte • Clearing
3.	MAR	Market Abuse Regulation	Regelungen des Insiderhandelsrechts bzw. entsprechende Offenlegungspflichten (Ad-hoc Publizität), das Verbot der Marktmanipulation	• Insider • Marktmissbrauch
4.	MAD II	Market Abuse Directive	Neue Straftatbestände für Insiderhandel und Marktmanipulation	Strafen
5.	CRD VI	Capital Requirements Directive, Eigenkapitalrichtlinie	Regelung der Kapitalanforderungen an den Marktzugang von Kreditinstituten und Wertpapierdienstleistungen	Marktzugang u. Aufsicht Kreditinstitut u. Wertpapier- u. Finanz-Dienstleister
	CRR	Capital Requirements Regulation	Bestimmung des Umfangs der Aufsicht der CRD VI-Richtlinie sowie des Ratings	Umfang Aufsicht CRD VI; Rating
6.	EMIR	European Market Infrastructure Regulation	Etablierung der Handelspflicht von OTC-Produkten, des Clearings der zentralen Gegenpartei und Einführung eines Transaktionsregisters	• OTC-Handelspflichten • Clearing • Zentrale Gegenpartei • Transaktionsregister

13

2. Kapitel Die Normen des Kapitalmarktrechts

	EU-Regelung		Kurz-Inhalte	Eingeführte Neuerungen
7.	Transp-ÄnderungsRl.		Offenlegung von Unternehmensbeteiligungen	Offenlegung von Unternehmensbeteiligungen
8.	PRIIPs	Retail and Insurance-based Investment Products	Vorschriften des Basisinformationsblatts, das Herstellern von verpackten Anlageprodukten und Versicherungsanlageprodukten (*packaged retail and insurance-based investment products* = „PRIIP") an Kleinanleger abzugeben haben	Basisinformationsblatt
9.	Solvency II		Versicherungsaufsicht, durch Bestimmung über Kapitalanforderungen der Versicherung des Risikomanagements und der Compliance sowie des Berichtswesens	Versicherungsaufsicht 2. Säule • Risiko-Controlling • Compliance 3. Säule • Berichtspflichten
	AIFM	Investment Fund Managers Directive	Regulierung der Risiken und insbesondere Managementkontrolle von Alternativen Investmentfonds	Kontrolle v. Managern v. Alternativen Investment-Fonds
10.	SSR	Short Selling Regulation	Verbote von ungedeckten Leerverkäufen von europaweit zugelassenen Aktien, sowie von Staatsanleihen der EU-Mitgliedstaaten und der Europäischen Union, Credit Default Swaps auf Staatsanleihen der EU-Mitgliedstaaten sowie der Europäischen Union	Leerverkaufsverbot
11.	CSDR	Central Securities Depositories Regulation	Abwicklung grenzüberschreitender Wertpapiertransaktionen in der EU durch Zentralverwahrung	Zentralverwahrung

V. Die Verlautbarungen, Guidelines bzw. Leitlinien der europäischen Behörden

Neben den eben gennannten europäischen *Richtlinien* und *Verordnungen* existieren im Kapitalmarktrecht eine Anzahl an Verlautbarungen, Guidelines bzw. Leitlinien der europäischen Behörden **EBA, ESMA, EIOPA** oder deren **gemeinsamen Ausschusses**. Auch diese – wie auch die **Q & A** – dienen in besonderem Maße der Interpretation des europäischen Kapitalmarktrechts. Für das nationale bzw. das deutsche Recht geben sie damit an, wie der europäische Gesetzgeber bestimmte Inhalte, die in das deutsche Recht umzusetzen sind, verstanden haben will. Für den deutschen Rechtsanwender bieten sie eine willkommene Auslegungshilfe. Im Kaptalmarktrecht kommt insbesondere den Leitlinien/Guidelines der ESMA besondere Bedeutung zu. **43**

1. **Guidelines.** Nach Art. 16 der VO 1095/2010 (sog. ESMA-Verordnung) besitzt die ESMA die Kompetenz, Guidelines (Leitlinien) zu erlassen. Diese dienen – im Lamfalussy-Gesetzgebungsverfahren – dazu, unbestimmte Rechtsbegriffe, insbesondere der Richtlinie 2014/65/EU (MiFID II), europaweit einheitlich zu klären, um so nicht nur den Anlegern bzw. den Banken, Finanz- und Wertpapierdienstleistungsunternehmen, sondern auch den nationalen Aufsichtsbehörden Rechtssicherheit in der Anwendung des europäischen Bankrechts zu geben. Neben einer **Vereinheitlichung** und Harmonisierung nationaler Aufsichtsbedingungen und -verfahren beabsichtigen die Leitlinien, auch die Kapitalmarktaufsicht effizienter zu gestalten und dadurch sowohl die Rechte der Anleger als auch deren Vertrauen in die Integrität der Kapitalmärkte zu stärken. **44**

2. **Die rechtliche Wirkung der Guidelines.** Alle **nationalen Aufsichtsbehörden** trifft nach Art. 16 Abs. 3 Satz 1 VO 1095/2010 (ESMA-VO) die **Pflicht**, den Leitlinien nachzukommen bzw. deren Inhalte in ihre Aufsichtstätigkeit zu integrieren. Die zuständigen nationalen Behörden informieren die ESMA i. d. R. binnen zwei Monaten nach Veröffentlichung der Leitlinien über den Stand der Beachtung- bzw. Nichtbeachtung der Leitlinien. Wollen sie diese nicht beachten, haben sie dies der ESMA ausgiebig zu begründen (Art. 16 Abs. 3 Satz 2 VO 1095/2010). **45**

Damit besitzen Verlautbarungen grundsätzlich keine rechtliche Bindungswirkung, diese kommt ihnen aber „faktisch" über das **Verfahren „Comply or Explain"** *(sich fügen oder erklären)* zu (Art. 16 Abs. 3 VO 1095/2010). Denn entscheidet sich ein Mitgliedstaat, den Inhalt der Leitlinie nicht anzuwenden, **46** veröffentlicht die europäische Behörde diese **Weigerung** (Art. 16 Abs. 3 Satz 3 VO 1095/2010). Dabei ist sie nicht gezwungen, die nationalen Gründe für die Weigerung der Öffentlichkeit mitzuteilen.

47 Eine solche öffentliche Bekanntmachung der nationalen Nicht-Anwendung von europäischen Leitlinien wirkt wie ein *„An-den-Pranger-stellen"* dieser nationalen Behörde. Beispiele kapitalmarktrelevanter ESMA Guidelines und Verlautbarungen sind:
- Guidelines on knowledge and competence vom 17. Dezember 2015,
- Guidelines on MiFID II product governance requirements vom 2. Juni 2017,
- Joint guidelines for complaints-handling for the securities (ESMA) and banking (EBA) sectors vom 13. Juni 2014,
- Guidelines on complex debt instruments and structured deposits vom 26. November 2015,
- Guidelines on cross-selling practices under MiFID II vom 22. Dezember 2015,
- Guidelines on certain aspects of the MiFID compliance function vom 6. Juli 2012,
- Guidelines and Recommendations on remuneration policies and practices vom 11. Juni 2013,
- Guidelines on certain aspects of the MiFID II suitability requirements vom 28. Mai 2018 (ESMA 35-43-869) (sog. ESMA Geeignetheits-Leitlinien),
- ESMA Q&As on MiFID II and MiFIR investor protection topics.

VI. Das deutsche Kapitalmarktrecht

48 Das deutsche Recht hat zahlreiche Inhalte des internationalen und insbesondere des europäischen Kapitalmarktrechts übernommen. Zur Übernahme europäischer Rechtsquellen in das **deutsche Kapitalmarktrecht** siehe 📖 → Anhang 8.

49 Damit besteht das deutsche Kapitalmarktrecht im Wesentlichen aus folgenden Vorschriften:
- Wertpapierhandelsgesetz (WpHG),
- EU-Marktmissbrauchsverordnung (MAR),
- Börsengesetz (BörsG),
- Europäische Finanzmarktverordnung (MiFIR),

VI. Das deutsche Kapitalmarktrecht

- EU-Wertpapierprospektverordnung 2017/1129 vom 14. Juni 2017 und Delegierte Verordnung 2019/979 vom 14. März 2019 (EU-WpPVO),
- Wertpapierprospektgesetz (WpPG),
- Vermögensanlagengesetz (VermAnlG),
- Kapitalanlagegesetzbuch (KAGB),
- Wertpapierinstitutsgesetz (WpIG),
- Wertpapiererwerbs- und Übernahmegesetz (WpÜG),
- Gesetz über das Kreditwesen (Kreditwesengesetz – KWG),
- Verordnung zur Konkretisierung der Verhaltensregeln und Organisationsanforderungen für Wertpapierdienstleistungsunternehmen (Wertpapierdienstleistungs-Verhaltens- und Organisationsverordnung – WpDVerOV),
- Verordnung über den Einsatz von Mitarbeitern in der Anlageberatung, als Vertriebsbeauftragte oder als Compliance-Beauftragte und über die Anzeigepflichten nach § 87 des Wertpapierhandelsgesetzes (WpHG-Mitarbeiteranzeige-Verordnung – WpHGMaAnzV).

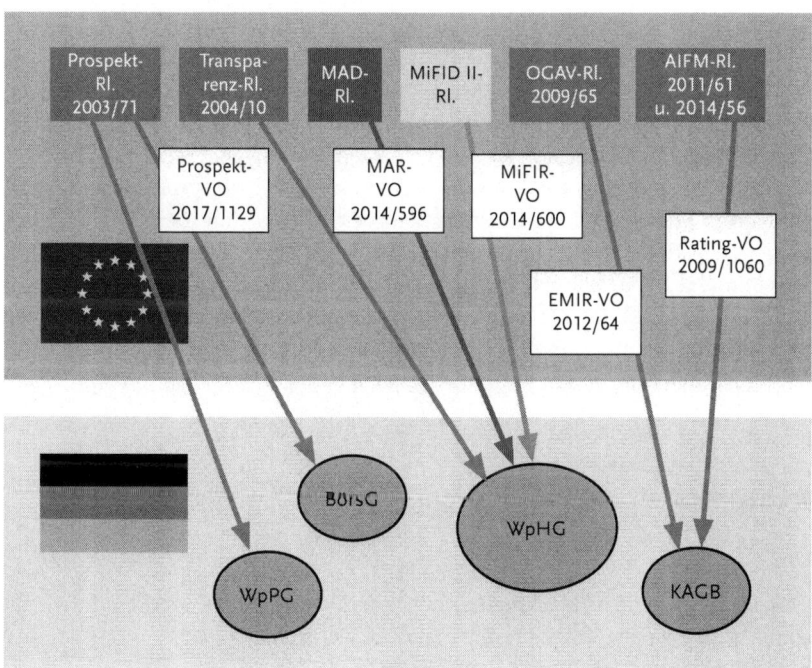

Abb. 4: Übernahme europäischer Rechtsquellen in das deutsche Kapitalmarktrecht

3. Kapitel   Das Börsenrecht

50 Börsen erfüllen innerhalb einer Volkswirtschaft zentrale Funktionen: Sie führen Verkäufer und Käufer auf einem zentralen Platz zusammen (**Marktfunktion**), ermitteln aus der Zusammenführung von Angebot und Nachfrage denjenigen Preis, den die Marktteilnehmer bereit sind, für ein Wirtschaftsgut zu zahlen (**Bewertungsfunktion**), und statten Unternehmen mit Kapital (**Finanzierungsfunktion**) aus, das diesen u. a. zur Finanzierung ihres Wachstums dient.

51 Damit die Börse diese Funktionen erfüllen kann, bedarf es des Vertrauens des Anlegers in das Institut der Börse. Denn der Anleger, der die zukünftige Vertragspartei oft nicht persönlich kennt, muss darauf vertrauen, dass der Börsenpreis den tatsächlichen Marktpreis des Produktes abbildet, der Handel sicher und ungehindert erfolgt und er das erworbene Produkt erhält. Ist dieses Vertrauen nicht gegeben, muss der Anleger eigene, kostenintensive Bemühungen anstellen, um die Qualität des Produktes bzw. der Gegenpartei zu ermitteln, den tatsächlichen Preis des Produktes zu bestimmen und den Handel abzusichern. Es besteht die Gefahr, dass diese Kosten derartig hoch sind, dass Anleger auf den Abschluss des Geschäfts verzichten müssen (sog. **prohibitive Kosten**) und dieser Effekt die Möglichkeit einer ausreichenden Unternehmensfinanzierung beschränkt. Diesem negativen Effekt begegnet das **Börsengesetz (BörsG)**. Das BörsG regelt umfassend die Aufsicht, die Organisation und den Betrieb der Börse, die Ermittlung der Börsenpreise, die börsenrechtliche Zulassung von Wertpapieren zum Handel sowie deren Widerruf und zielt so darauf ab, das **Vertrauen des Anlegers** in die Börse zu sichern.

I.   Die Märkte des Börsenrechts

52 Das BörsG stellt den Marktteilnehmern drei multilaterale Märkte zur Verfügung, auf denen sie ihre Produkte handeln können, nämlich
- den regulierten Markt (§ 2 Abs. 5 BörsG),
- den Freiverkehr (multilaterales Handelssystem) (§ 48 BörsG) und
- das organisierte Handelssystem (§ 48b BörsG).

I. Die Märkte des Börsenrechts

Sie unterscheiden sich voneinander insbesondere in ihrer Regulierungsintensität und damit dem Niveau des **Anlegerschutzes**.

Den größten Schutz erhält der Anleger auf dem **regulierten Markt** (§ 2 Abs. 5 **53** BörsG). Er untersteht den strengsten gesetzlichen Regelungen u. a.
- zur Organisation des Handels,
- zu den Zulassungsvoraussetzungen der Teilnehmer (§ 19 BörsG),
- zu den Zulassungsvoraussetzungen der Wertpapiere (§ 32 BörsG, §§ 2, 3, 5, 9 BörsZulV, siehe unten Rn. 72 ff.) und
- zu den Pflichten des Emittenten nach der Wertpapierausgabe (§ 114 Abs. 1 WpHG, § 115 WpHG, § 26 Abs. 1 WpHG i. V. m. Art. 17 VO 596/2014/EU, § 26 Abs. 2 i. V. m. Art. 19 VO 596/2014/EU, siehe unten Rn. 80 ff.).

> Das europäische Recht kennt den Begriff des regulierten Marktes grundsätzlich nicht. Es verwendet den Begriff des **geregelten Marktes** (Art. 4 Abs. 1 Nr. 21 RL 2014/65/EU über Märkte für Finanzinstrumente [MiFID II]). Inhaltlich entspricht der Begriff des regulierten Marktes grundsätzlich dem des geregelten Marktes. Der regulierte Markt unterscheidet sich lediglich in der Lokalität des Handelsplatzes. Während der geregelte Markt sich auf Handelsplätze bezieht, die im Inland ansässig sind, umfasst der im BörsG verwandte Begriff des regulierten Marktes lediglich Börsen, deren Satzungssitz im Inland liegt. Der Begriff des geregelten Marktes ist deshalb weiter. Damit ist jeder regulierte Markt auch geregelter Markt.

Der **Freiverkehr** (§ 48 BörsG i. V. m. § 2 Abs. 6 BörsG) ist weniger streng reguliert. Er ist weitgehend privatrechtlich organisiert und deshalb mit einem eingeschränkten Anlegerschutz verbunden: **54**
- So existieren keine gesetzlichen Zulassungsvoraussetzungen für Wertpapiere und Emittenten (zu den Zulassungsvoraussetzungen der Börse siehe weiter unten Rn. 64 f., 67, 72 ff., 79).
- Auch zahlreiche gesetzliche Zulassungsfolgepflichten sind grundsätzlich nicht einschlägig. Hierzu zählen
  - die Ad-hoc-Publizität (Art. 17 MAR),
  - die Führung von Insiderlisten (Art. 18 MAR),
  - die Veröffentlichung von Directors Dealing bzw. Managers Transactions (Art. 18 MAR) und
  - die Informationspflichten des Emittenten nach §§ 48 ff. WpHG.

55 Ebenfalls ergeben sich beim Freiverkehr Erleichterungen in den aktienrechtlichen Pflichten des Aktionärs:
- So entfallen im Freiverkehr die Mitteilungspflichten des Aktionärs beim Überschreiten bestimmter Beteiligungsschwellen (§§ 33 ff. WpHG).
- Auch ist der Aktionär nicht verpflichtet, sobald er eine Kontrollmehrheit von 30 % der Stimmrechte an einem börsennotierten Unternehmen erwirbt, ein Pflichtangebot an die verbleibenden Aktionäre abzugeben (§ 35 WpÜG; siehe Rn. 252 ff., 256, 91).

Der Freiverkehr ist als multilaterales Handelssystem zu qualifizieren (§ 48 Abs. 3 Satz 2 BörsG i. V. m. § 2 Abs. 6 BörsG i. V. m. § 2 Abs. 8 Nr. 8).

> Ein spezifisches Freiverkehrssegment ist der **KMU-Wachstumsmarkt** (§ 48a BörsG). Der europäische Gesetzgeber hat mit Art. 33 MiFID II den KMU-Wachstumsmarkt geschaffen mit der Zielsetzung, durch eine vergrößerte Flexibilität und geringeren Verwaltungsaufwand den Zutritt kleiner und mittlerer Unternehmen zum Kapitalmarkt zu vereinfachen (§ 76 WpHG). Ein KMU-Wachstumsmarkt verlangt, dass mindestens 50 % aller Emittenten kleine und mittlere Unternehmen sind (§ 48a Abs. 1 Nr. 1 BörsG). Bisher hat sich der KMU-Wachstumsmarkt in der Europäischen Union nicht durchgesetzt und auch nicht die angekündigten Erleichterungen gebracht. In Deutschland besteht ein KMU-Wachstumsmarkt lediglich an der Frankfurter Börse (sog. **Deutsche Börse Scale**).

56 Als weiteren Markt kennt das Börsenrecht das **organisierte Handelssystem** (Organised Trading Facility, OTF) (Art. 4 Abs. 1 Nr. 23 MiFID II; auch § 2 Abs. 7 BörsG, § 48 b BörsG). Der deutsche Gesetzgeber hat das organisierte Handelssystem im Zuge der Umsetzung der MIFID II normiert. Das organisierte Handelssystem handelt – im Unterschied zum Freiverkehr und zum regulierten Markt – nach **diskretionären Regeln**. Das heißt, der Markbetreiber verfügt über einen Ermessensspielraum darüber, ob er Aufträge zum Kauf und Verkauf annimmt und wann und in welchem Umfang er diese ausführt (§ 48b Abs. 7 BörsG; § 75 Abs. 6 WpHG). Auf OTFs dürfen nur
- Schuldverschreibungen,
- strukturierte Finanzprodukte,
- Emissionszertifikate und
- Derivate (§ 2 Abs. 8 Satz 1 Nr. 9 WpHG)

gehandelt werden.

Abzugrenzen von den Märkten des Börsenrechts ist der **Over-The-Counter-Markt (OTC)** und der **„graue Kapitalmarkt"**. Der OTC-Handel bezeichnet den außerhalb einer Börse getätigten Direkthandel von Finanzinstrumenten zwischen Käufer und Verkäufer (bilateral). Handelspartner sind in der Regel institutionelle Marktteilnehmer (Banken, Fondsgesellschaften, Versicherungen etc.). Von Bedeutung ist der OTC-Handel insbesondere beim Derivatehandel.

57

Die größten Risiken für den Anleger birgt der sog. **„graue Kapitalmarkt"**. Unter dem „grauen Kapitalmarkt" fasst man jene Angebote von Anbietern zusammen, die keiner Regulierung unterliegen. Produkte des „grauen" Kapitalmarktes entstammen zumeist den Bereichen schuldrechtlicher Ansprüche auf Gewinnbeteiligungen (Genussrechte), der Schwarmfinanzierung (Crowdfunding) oder Kauf- und Rückvermietungs-Verträgen (Sale-and-Lease-Back).

58

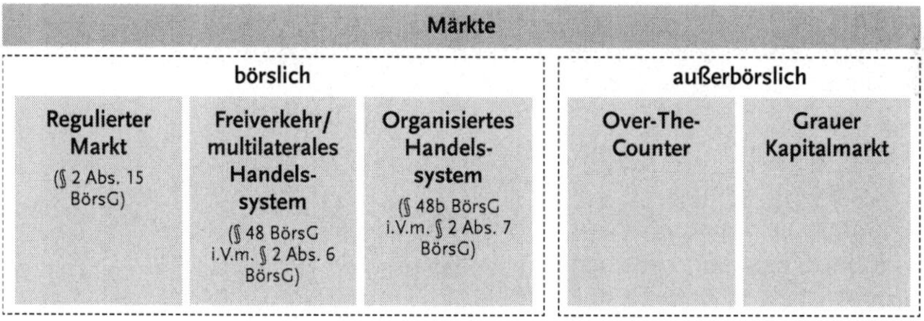

Märkte					
börslich			außerbörslich		
Regulierter Markt (§ 2 Abs. 15 BörsG)	Freiverkehr/ multilaterales Handelssystem (§ 48 BörsG i.V.m. § 2 Abs. 6 BörsG)	Organisiertes Handelssystem (§ 48b BörsG i.V.m. § 2 Abs. 7 BörsG)		Over-The-Counter	Grauer Kapitalmarkt

Abb. 5: Marktstruktur

II. Börsenprodukte

Die Vielfalt der an einer **Börse** handelsfähigen Produkte ist groß (§ 2 Abs. 2, 3 BörsG).

59

Grundsätzlich muss ein Produkt, um an einer Wertpapier- (§ 2 Abs. 2 BörsG) oder Warenbörse (§ 2 Abs. 2, 3 BörsG) gehandelt werden zu können, hinreichend **standardisiert** und **übertragbar** sein. Diese Notwendigkeit ergibt sich bereits ökonomisch daraus, dass nur für standardisierte Produkte ein hinlängliches Angebot und eine hinlängliche Nachfrage besteht, die ermöglicht, einen validen Börsenkurs (§ 24 BörsG) ermitteln zu können.

60

3. Kapitel Das Börsenrecht

 Wertpapierbörsen in Deutschland befinden sich in Frankfurt am Main, Berlin, Hamburg, Hannover, Düsseldorf, München und Stuttgart. Die größte Börse in Deutschland ist die Frankfurter Wertpapierbörse der Deutschen Börse AG.

61 Das BörsG verweist zur Bestimmung der börsenfähigen Produkte auf die Terminologie des **WpHG**. Börsenfähig sind i. S. d. § 2 Abs. 2, 3 BörsG
- Wertpapiere i. S. d. § 2 Abs. 1 WpHG,
- derivative Geschäfte i. S. d. § 2 Abs. 3 WpHG,
- andere Finanzinstrumente i. S. d. § 2 Abs. 4 WpHG und
- Waren i. S. d. § 2 Abs. 5 WpHG.

62 Hierunter fallen grundsätzlich
- Aktien (§ 2 Abs. 1 Nr. 1 WpHG),
- Anleihen (§ 2 Abs. 1 Nr. 3 WpHG),
- aktienvertretende Zertifikate (§ 2 Abs. 1 Nr. 2 WpHG),
- Genussscheine (§ 2 Abs. 1 Nr. 3 WpHG),
- Futures (§ 2 Abs. 3 WpHG),
- Optionen (§ 2 Abs. 3 WpHG),
- Emissionszertifikate (§ 2 Abs. 3 WpHG),
- Anteile an offenen Fonds (§ 2 Abs. 4 Nr. 2 WpHG),
- kurzfristige Geldmarktinstrumente (§ 2 Abs. 4 Nr. 3 WpHG) und
- handelbare Waren (§ 2 Abs. 5 WpHG).

63 Die folgende Übersicht versucht diese teils sehr komplexen Produkte dem Leser in einfachen Worten zu verdeutlichen.

Tab. 2: Definitionen der Börsenprodukte

Produkt	Erklärung
Wertpapiere i. S. d. § 2 Abs. 1 WpHG	
Aktien (§ 2 Abs. 1 Nr. 1 WpHG)	Bei einer Aktie erwirbt der Anleger Eigentum an einer Aktiengesellschaft (AG). Der Aktionär bezweckt mit der Aktie von einer Wertsteigerung des Aktienkurses und/oder der Ausschüttung des Bilanzgewinns (Dividende) der AG zu profitieren.
Anleihen (§ 2 Abs. 1 Nr. 3 WpHG)	Bei Anleihen stellt der Anleger dem Anleihenausgeber für eine festgelegte Laufzeit „Kapital" zur Verfügung, das der Ausgeber dem Anleger am Ende der Laufzeit zuzüglich von Zinsen zurückzahlen muss.

II. Börsenprodukte

Produkt	Erklärung
aktienvertretende Zertifikate (§ 2 Abs. 1 Nr. 2 WpHG)	Bei aktienvertretenden Zertifikaten erwirbt der Anleger ein Recht an Aktien, die bei einer Depotbank oder Wertpapiersammelbank hinterlegt sind. Dabei kann sich das Recht auf eine oder mehrere Aktien oder einen Bruchteil einer Aktie beziehen. Das Recht kann an der Börse stellvertretend für die Originalaktie gehandelt werden. Der Zweck aktienvertretender Zertifikate besteht darin, den Handel ausländischer Aktien zu vereinfachen. Beispiele für aktienvertretende Zertifikate sind: American Depositary Receipts (ADRs), European Depository Receipts (EDRs), Global Depository Receipts (GDRs), International Depository Receipts (IDRs), Crest Depositary Interests (CDIs).
Genussscheine (§ 2 Abs. 1 Nr. 3 WpHG)	Bei Genussscheinen stellt der Anleger dem Genussscheinausgeber für eine festgelegte Laufzeit Kapital zur Verfügung, das der Genussscheinausgeber dem Anleger am Ende der Laufzeit zurückzahlen muss. Im Unterschied zur Anleihe ist die Verzinsung durch den Ausgeber nicht fix, sondern z. B. vom Bilanzgewinn des Genussscheinausgebers abhängig (sog. gewinnabhängige Verzinsung).
Derivative Geschäfte i. S. d. § 2 Abs. 3 WpHG	
Futures (§ 2 Abs. 3 WpHG) ☞ Einen Future, der außerbörslich gehandelt wird, bezeichnet man als Forward.	Beim Future handelt es sich um ein sog. Festpreisgeschäft. Der Anleger (Käufer des Futures) erwirbt die Pflicht, zu einem zukünftigen, festgelegten Zeitpunkt einen sog. Basiswert (z. B. Aktie, Rohstoff etc.) vom Verkäufer des Futures zu einem vorher vereinbarten Kaufpreis (Festpreis) zu erwerben. *Bsp.: Der A erwirbt auf einer Warenbörse am 1.12.2021 einen Weizen-Future von B. Dieser Weizen-Future verpflichtet B dem A am 1.7.2021 1.000 Tonnen Weizen zu einem Tonnenpreis von 150 € zu verschaffen. In Abhängigkeit des tatsächlichen Marktpreises am 1.7.2021 kann das Geschäft vorteilhaft für den A oder den B sein. Liegt der Marktpreis (z. B. 170 €) über dem „Future-Preis" (150 €), ist das Geschäft vorteilhaft für den A. Denn A müsste, wenn er sich den Weizen über den Markt besorgen würde, einen Preis von 170 € pro Tonne aufwenden. Liegt der Marktpreis (z. B. 120 €) unter dem „Future-Preis" (150 €), ist das Geschäft vorteilhaft für den B. Denn B könnte am Markt am 1.7.2021 lediglich 120 € pro Tonne Weizen erzielen. Bei einem Future muss der B dem A den Weizen am 1.7.2021 zur Verfügung stellen.*
Optionen (§ 2 Abs. 3 WpHG)	Eine Option räumt dem Optionsinhaber die Möglichkeit ein, den Basiswert (z. B. Aktie, Rohstoff etc.) an einem zukünftigen festgelegten Zeitpunkt zu einem vorher vereinbarten Kaufpreis zu erwerben („Call") oder zu veräußern („Put"). Im Unterschied zum Future hat der Optionsinhaber nur das Recht, den Basiswert zu erwerben bzw. zu veräußern. Eine Pflicht – wie beim Future – besteht nicht. Für dieses Recht zahlt der Optionsinhaber eine „Prämie".

23

3. Kapitel   Das Börsenrecht

Produkt	Erklärung
	Bsp. für eine Kaufoption (Call-Option): Der A erwirbt auf einer Warenbörse am 1.12.2021 eine Weizen-Option von B. Diese Weizen-Option gewährt dem A das Recht, am 1.7.2021 1.000 Tonnen Weizen zu einem Tonnenpreis von 150 € von B zu erwerben. Für diese Option hat der A eine Optionsprämie von 10 € je Tonne an den B zu zahlen. In Abhängigkeit des tatsächlichen Marktpreises am 1.7.2021 wird der A diese Option wahrnehmen oder nicht. A wird die Option einlösen, wenn der Marktpreis (z. B. 170 €) über dem Optionspreis liegt. Denn in diesem Fall müsste A, wenn er sich den Weizen über den Markt besorgen würde, einen Preis von 170 € pro Tonne aufwenden. A wird die Option grundsätzlich nicht einlösen, wenn der Marktpreis (z. B. 120 €) unter dem Options-Preis (150 €) liegt. Denn B kann den Weizen am Markt am 1.7.2021 für lediglich 120 € erwerben. Die Optionsprämie (10 €) hat A auch bei der Nicht-Ausübung der Option an den B zu entrichten.
Emissionszertifikate (§ 2 Abs. 3 Nr. 1 lit. f WpHG)	Emissionszertifikate berechtigen ein Unternehmen, eine gewisse Menge an Treibhausgasen (z. B. Kohlenstoffdioxid) in einem bestimmten Zeitraum auszustoßen. Der Ausgeber der Emissionszertifikate ist das Umweltbundesamt. Durch den Erwerb kann ein Unternehmen mehr Treibhausgase ausstoßen, ohne bestraft zu werden. Ein Unternehmen, das weniger Treibhausgase benötigt, kann durch den Weiterverkauf an der Börse Veräußerungsgewinne erzielen. Eine Börse für den Handel mit Emissionszertifikaten ist die Leipziger Energiebörse EEX (European Energy Exchange).
Andere Finanzinstrumente i. S. d. § 2 Abs. 4 WpHG	
Anteile an offenen Fonds (§ 2 Abs. 4 Nr. 2 WpHG)	Investmentvermögensanteile gewähren dem Anleger einen Eigentumsanteil an einem Sondervermögen (Fonds) einer Kapitalanlagegesellschaft. Der Fonds investiert sein Vermögen im Sinne der Anleger grundsätzlich in verschiedene Anlageformen (z. B. Aktien, Anleihen, Rohstoffe). Der Inhaber der Investmentsvermögensanteile wird damit Teilinhaber dieser Anlageformen. Nicht börsenfähig sind geschlossene Fonds. Sie erfüllen die Voraussetzung der börsenfähigen Handelbarkeit nicht, da der Anleger sie nicht zurückgeben kann.
Geldmarktinstrumente (§ 2 Abs. 4 Nr. 3 WpHG)	Der Geldmarkt ist ein Teil des Finanzmarktes. Auf ihm werden kurzfristige Gelder, z. B. Forderungen und Verbindlichkeiten, gehandelt. Voraussetzung für die Börsenfähigkeit ist, dass die Laufzeit bei der Emission weniger als 397 Tage beträgt.
Waren i. S. d. § 2 Abs. 5 WpHG	
Waren (§ 2 Abs. 5 WpHG)	Waren sind handelbare Wirtschaftsgüter. D. h., die Waren müssen geliefert werden können und zudem standardisiert sein (z. B. Metalle, Erze und Legierungen, landwirtschaftliche Produkte). Auch Strom zählt zu den Waren.

III. Die Organisationsstruktur der Börse

Um die Funktionsfähigkeit der Börse sicherzustellen, beinhaltet das BörsG ausführliche Anforderungen an die Betriebsform, die Organisation und die Organe einer Börse. Das BörsG verlangt nach einer **zweistufigen Organisationsstruktur**, bestehend aus

- der Börse (§ 2 Abs. 1 BörsG) und
- dem privatrechtlichen Börsenträger (§ 5 BörsG).

64

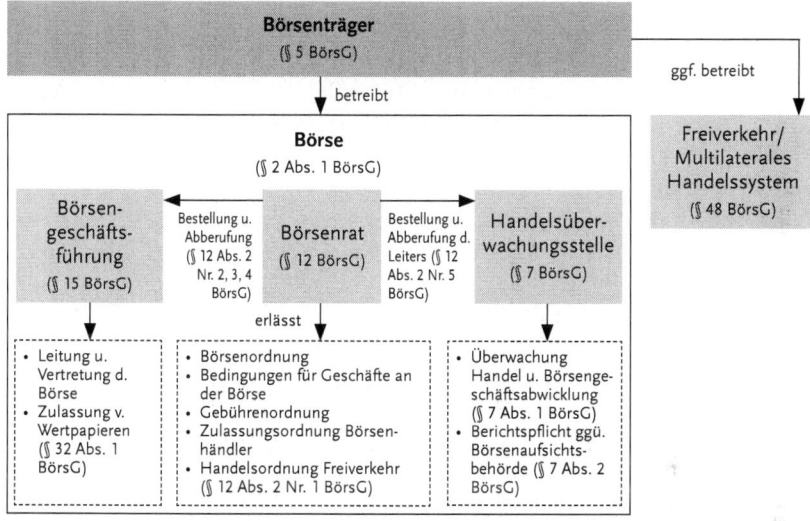

Abb. 6: Organisationsstruktur der Börse

Der **Börse** kommt die Aufgabe zu, hoheitlich, d. h. im Auftrag des Staates, für einen funktionsfähigen Börsenhandel zu sorgen. Zu den hoheitlichen Aufgaben der Börse zählen u. a. die Zulassung von Wertpapieren (§ 32 BörsG) und Handelsteilnehmern (§ 19 BörsG) zum Börsenhandel, die Zusammenführung von Angebot und Nachfrage und die Ermittlung des Börsenpreises (§ 24 BörsG). Aufgrund dieser hoheitlichen Tätigkeit ordnet das BörsG der Börse die Rechtsform einer **teilrechtsfähigen Anstalt öffentlichen Rechts** zu. Teilrechtsfähig bedeutet, dass die Börse nur dann Träger von Rechten und Pflichten ist und im eigenen Namen handeln kann (sog. Rechtsfähigkeit), wenn das BörsG ihr dieses explizit einräumt. Das BörsG gesteht der Börse die Rechtsfähigkeit in allen verwaltungsrechtlichen Verfahren zu (§ 2 Abs. 11 BörsG). Das heißt, sie

65

kann unter ihrem Namen klagen und verklagt werden (§ 2 Abs. 11 BörsG). Privatrechtliche Verträge, z. B. zur Beschäftigung von Mitarbeitern (Arbeitsverträge) oder zum Erwerb von Betriebsmitteln (z. B. IT-Infrastruktur), kann die Börse infolge ihrer Teilrechtsfähigkeit nicht schließen.

66 Die Organe der Börse sind
- die Börsengeschäftsführung (§ 15 BörsG),
- der Börsenrat (§ 12 Abs. 1 Satz 2 BörsG) und
- die Handelsüberwachungsstelle (§ 7 BörsG).

67 Die **Börsengeschäftsführung** leitet und vertritt die Börse (§ 15 Abs. 1 BörsG). Ihr unterliegt die Zulassung von Wertpapieren, die an der Börse gehandelt werden sollen (§ 32 Abs. 1 BörsG). Der **Börsenrat** setzt sich zusammen aus den zur Teilnahme an der Börse zugelassenen Unternehmen und Anlegern (§ 12 Abs. 1 Satz 1 BörsG). Er hat die Börsengeschäftsführung zu bestellen und abzuberufen (§ 12 Abs. 2 Nr. 2, 3, 4 BörsG). Ferner obliegt dem Börsenrat die Bestellung oder Abberufung des Leiters der Handelsüberwachungsstelle (§ 12 Abs. 2 Nr. 5 BörsG). In seiner Funktion als „Rechtssetzungsorgan" trifft den Börsenrat ebenfalls die Pflicht des Erlasses folgender Schriftstücke (§ 12 Abs. 2 Nr. 1 BörsG):
- Börsenordnung (§ 16 BörsG),
- Gebührenordnung (§ 17 BörsG),
- Börsengeschäftsbedingungen,
- Börsenhändler-Prüfungsordnung (§ 19 Abs. 6 Satz 4 BörsG),
- Handelsordnung für den Freiverkehr (§ 48 Abs. 1 BörsG).

Tab. 3:   Inhalt der Börsensatzungen

Börsensatzungen	Inhalt
Börsenordnung (§ 16 BörsG)	Bestimmungen zur Struktur u. zum Ablauf d. Börsenhandels: • Bestimmung d. Produkte, die an Börse gehandelt werden können (§ 16 Abs. 1 Nr. 1 BörsG), • Organisatorischer Aufbau der Börse, Nennung d. Organe und deren Funktionen u. Befugnisse (§ 16 Abs. 1 Nr. 2 BörsG), • Darlegung der genutzten Handelsverfahren (z. B. Auktionsverfahren mit Intermediären oder elektronisches Handelssystem) (§ 16 Abs. 1 Nr. 3 BörsG), • Regelungen zur Veröffentlichung d. Börsenpreise und Kurse (§ 16 Abs. 1 Nr. 4 BörsG), • Entgeltordnung für die Tätigkeit des Börsenmaklers/Skontroführers (§ 16 Abs. 1 Nr. 4 BörsG), • Darlegung der Bedeutung von veröffentlichten Kurshinweisen und -zusätzen zu Börsenpreisen (§ 16 Abs. 2 Nr. 1 BörsG),

Börsensatzungen	Inhalt
	• Darlegung der genutzten Systeme zur Abwicklung des Börsenhandels (§ 16 Abs. 2 Nr. 2 BörsG), • Kennzeichnungspflichten im algorithmischem Handel (§ 16 Abs. 2 Nr. 3 BörsG).
Gebührenordnung (§ 17 BörsG)	Regelungen über die Art d. Gebühren und die Höhe, • die für die Nutzung der Börse (§ 17 Abs. 1 Nr. 1–6 BörsG), und • die Abnahme der Börsenhändlerprüfung (§ 17 Abs. 1 Nr. 7 BörsG) anfallen.
Börsenhändler-Prüfungsordnung (§ 19 Abs. 6 Satz 4 BörsG)	Anforderungen an die fachliche Eignung von Börsenhändlern und an das Prüfungsverfahren zur Zulassung an der Börse
Handelsordnung für den Freiverkehr (§ 48 Abs. 1 BörsG)	Bestimmungen zur Struktur und zum Ablauf des Freiverkehrs; u. a. Vorschriften über • die Preisermittlung und Orderausführung, • Sicherheitsleistungen der Marktteilnehmer zur Abdeckung des Risikos aus Börsengeschäften, • Abwicklungssysteme (Clearing) und die Erfüllung der Geschäfte (Settlement), und • die ordnungsgemäße Nutzung der Börsen-EDV.

Die Börsenordnung, die Gebührenordnung, die Börsengeschäftsbedingungen an der Börse, die Börsenhändler-Prüfungsordnung und die Handelsordnung für den Freiverkehr weisen die Rechtsform einer **Satzung** auf.

Ferner hat jede Börse eine eigenständige **Handelsüberwachungsstelle** einzurichten (§ 7 BörsG). Die Handelsüberwachungsstelle ist unter Maßgabe der Börsenaufsichtsbehörde zu betreiben. Sie hat den Handel an der Börse und die Börsengeschäftsabwicklung fortlaufend zu überwachen (§ 7 Abs. 1 BörsG) und der Börsenaufsichtsbehörde regelmäßig – i. d. R. monatlich – über von ihr durchgeführte Prüfverfahren zu berichten (§ 7 Abs. 2 BörsG).

68

Aufgrund der oben erläuterten Teilrechtsfähigkeit der Börse bedarf es des privatrechtlichen Trägers der Börse (sog. **Börsenträger**). Der Börsenträger übernimmt für die Börse die **privatrechtlichen Tätigkeiten**, die diese nicht ausführen kann. Er stellt der Börse die zur Durchführung und angemessenen Fortentwicklung des Börsenbetriebs erforderlichen finanziellen, personellen und sach-

69

lichen Mittel zur Verfügung (§ 5 Abs. 1 BörsG). Das heißt, er ist u. a. für die Anstellung der Mitarbeiter, der Stellung der Betriebsstätte und der Betriebsmittel verantwortlich.

 In der Regel agiert der Börsenträger in der Rechtsform einer AG. So ist der Börsenträger der Frankfurter Wertpapierbörse die Deutsche Börse AG. Früher agierten als Börsenträger Vereine oder die Industrie- und Handelskammern.

70 Die Errichtung einer Börse bedarf der **Erlaubnis** der Börsenaufsichtsbehörde des jeweiligen Bundeslandes (§ 4 Abs. 1, 6 BörsG).

IV. Der Handel von Wertpapieren an der Börse

71 Der **Börsenhandel** von Wertpapieren unterliegt der staatlichen Regulierung. Die Zulassungsvoraussetzungen sind unterschiedlich je nach Markt.

72 1. **Der regulierte Markt.** Die Zulassungsvoraussetzungen für den regulierten Markt enthält das Börsengesetz (BörsG) und die Börsenzulassungsverordnung (BörsZulV). Für die Zulassung der Wertpapiere zum Börsenhandel am regulierten Markt hat der Emittent und das zuzulassende Wertpapier gem. § 32 Abs. 3 Nr. 1 BörsG i. V. m. Art. 35 der Verordnung (EG) Nr. 1287/2006, § 34 BörsG und BörsZulV folgende **Voraussetzungen** zu erfüllen:

- Das wertpapierausgebende Unternehmen besteht seit mindestens **drei Jahren** (§ 3 BörsZulV).
- Der voraussichtliche Kurswert der zuzulassenden Aktien bei der Erstzulassung, oder falls dieser nicht geschätzt werden kann, das Eigenkapital der emittierenden Gesellschaft, muss mindestens **1,25 Mio. €** (§ 2 Abs. 1 BörsZulV) betragen. Für andere Wertpapiere, die keine Aktien sind, genügt ein Gesamtnennbetrag von **250.000 €** (§ 2 Abs. 2 BörsZulV).
- Lauten die Wertpapiere nicht auf einen Geldbetrag, müssen mindestens **10.000 Stück** emittiert werden (§ 2 Abs. 3 BörsZulV).
- Mindestens **25 % des Gesamtnennbetrags** der zuzulassenden Aktien sind dem Publikum zur Verfügung zu stellen (§ 9 Abs. 1 BörszulV) (Streubesitz).

- Das emittierende Unternehmen hat der Börsengeschäftsführung einen von der BaFin gebilligten oder bescheinigten **Wertpapierprospekt** vorzulegen (§ 32 Abs. 3 Nr. 2 BörsG) (siehe Rn. 72, 96 ff.).

Die Zulassung kann grundsätzlich nur bewirkt werden von einem Emissionsbegleiter (§ 32 Abs. 2 Satz 1 BörsG): **73**

Tab. 4: Emissionsbegleiter

Emissionsbegleiter i. S. d. § 32 Abs. 2 Satz 1 BörsG	
Institute	Voraussetzungen
Kreditinstitute	Eigenkapital i. H. v. mindestens 730.000 € (§ 32 Abs. 2 Satz 2 BörsG)
Finanzdienstleistungsinstitute	
Inländische Zweigstellen, die Bank- oder Finanzdienstleistungen erbringen, von Unternehmen mit Sitz im Ausland (§ 53 Abs. 1 Satz 1 KWG)	
Wertpapierhandelsunternehmen mit Sitz in anderen Staaten des EWRs	
Einlagenkreditinstitute	

Für die Zulassung hat der Emittent gemeinsam mit dem Emissionsbegleiter, bei der Börsengeschäftsführung einen **Zulassungsantrag** zu stellen (§ 32 Abs. 2 Satz 1 BörsG). **74**

Da die Zulassung ein begünstigender Verwaltungsakt ist, besitzt der Emittent, sobald er die Zulassungsvoraussetzungen erfüllt, ein Recht auf Zulassung.

Der Emittent kann den Zulassungsantrag allein stellen, wenn er selbst zum Emissionsbegleiter befähigt ist (§ 32 Abs. 2 Satz 3 BörsG) (sog. **Selbstemission**). **75**

Ein Beispiel für eine Selbstemission ist die Emission von Pfandbriefen durch Hypothekenbanken.

Ausgenommen von der Zulassungspflicht sind staatliche Anleihen (§ 37 BörsG) und Berichtigungsaktien in- und ausländischer Emittenten (§ 33 Abs. 4 Einführungsgesetz zum Aktiengesetz [EGAktG]). Berichtigungsaktien sind Aktien, die ein Altaktionär bei einer Erhöhung des Kapitals aus Gesellschaftsmitteln erhält. Sie dienen dazu, den Anleger vor einer Verwässerung seines Anteils am Grundkapital zu schützen.

76 Eine Börsenzulassung kann die zuständige Börse, beim **Nichtvorliegen** obiger Voraussetzungen, auch widerrufen (§ 39 BörsG) (*actus contrarius*). Durch den Widerruf der Börsenzulassung verliert die Aktie an Wert und damit die Aktionäre an Vermögen. Das Bundesverfassungsgericht (BVerfG, Urt. v. 11.7.2012 – 1 BvR 3142/07, 1 BVR 1569/08 – NJW 2012, 3081 ⚖) hat aber festgestellt, dass „der Widerruf der Börsenzulassung für den regulierten Markt auf Antrag des Emittenten grundsätzlich nicht den Schutzbereich des Eigentumsgrundrechts des Aktionärs (Art. 14 Abs. 1 GG)" (Leitsatz 1 der Entscheidung) unterfällt. Der Schutz des **Eigentümers** erfasst zwar die **Substanz** des Anteils bzw. der Aktie, so dass Art. 14 GG dann betroffen ist, wenn der Aktionär die in der Aktie verkörperte Rechtsposition (etwa: Mitgliedschafts- bzw. Mitbestimmungsrechte) verliert oder die Aktie in ihrer Substanz verändert wird (siehe BVerfG, a. a. O., Rn. 6, 54.). Beispiele solcher Verluste sind

- die Eingliederung der Aktiengesellschaft in einen Konzern,
- der Abschluss eines vormals bestehenden Beherrschungs- und Gewinnabführungsvertrags der betreffenden Aktiengesellschaft, aus der die Aktie stammt, oder
- der zwangsweise Ausschluss eines Minderheitsaktionärs aus der Aktiengesellschaft durch einen Mehrheitsanteilseigner („**Squeeze out**").

77 Das BVerfG sieht aber die Substanz einer Aktie durch den Widerruf deren Börsenzulassung nicht berührt, insbesondere bestehe die **Verkehrsfähigkeit** (also die Handelbarkeit) auch einer nichtzugelassenen Aktie weiter (BVerfG, a. a. O., Rn. 55 ff., 59 ff.).

78 Ein Zulassungsantrag durch den Emittenten zum regulierten Markt ist nicht notwendig, wenn die Wertpapiere bereits an einer anderen inländischen Börse oder innerhalb der **Europäischen Union** zum regulierten Markt zugelassen sind (§ 33 Abs. 1 Nr. 1 lit. b BörsG). In diesem Fall sind die Wertpapiere in den regulierten Markt aufzunehmen (sog. **Einbeziehung**), wenn ein Handelsteilnehmer dies beantragt oder die Börsengeschäftsführung ein Marktbedürfnis erkennt. Nähere Bestimmungen über das Einbeziehungsverfahren regelt die Börsenordnung der jeweiligen Börse (§ 33 Abs. 2 BörsG). Wertpapiere, die an nicht-europäischen Märkten zugelassen sind, können grundsätzlich nur dann in den regulierten Markt einbezogen werden, wenn die Zulassungsvoraussetzungen sowie Melde- und Transparenzpflichten auf dem ausländischen Markt mit den inländischen vergleichbar sind (§ 33 Abs. 1 Nr. 1 lit. c BörsG). Bei einer Einbeziehung ist der Emittent zu unterrichten (§ 33 Abs. 3 BörsG), da er an der Einbeziehung nicht beteiligt ist.

2. Zulassung zum Freiverkehr. Einer öffentlichen Zulassung bedarf es beim Freiverkehr nicht. Hier erfolgt die sog. **Einbeziehung** der Wertpapiere. Diese unterscheidet sich von der Zulassung und der Einbeziehung zum regulierten Markt darin, dass sie nicht ein öffentlich-rechtliches Zulassungsverfahren i. S. d. § 32 BörsG verlangt. Die Einbeziehung der Wertpapiere in den Freiverkehr erfolgt privatrechtlich auf Grundlage der von der jeweiligen Börse erlassenen Freiverkehrs-Handelsordnung und den „Freiverkehrs"-Geschäftsbedingungen.

79

> Die Frankfurter Wertpapierbörse betreibt den Freiverkehr unter dem Terminus **„Open Market"**. Marktsegmente des Open Markets sind das Quotation Board, das Basic Board und das Scale-Segment. Sie unterscheiden sich hinsichtlich der Transparenzanforderungen an den Emittenten. Das Scale-Segment stellt die höchsten, das Quotation Board die niedrigsten Anforderungen.

V. Die Pflichten des Emittenten nach der Wertpapierausgabe

Mit der Zulassung zum regulierten Markt entstehen dem Emittenten regelmäßige, gesetzliche Pflichten (sog. **Folgepflichten**). Sie dienen insbesondere der Information des Anlegers und der Sicherung der Transparenz des Börsenmarktes.

80

So hat der Emittent jährlich einen **Jahresfinanzbericht** zu veröffentlichen (§ 114 Abs. 1 WpHG). Dieser muss enthalten
- einen geprüften Jahresabschluss und Lagebericht,
- eine Erklärung der gesetzlichen Vertreter des Emittenten darüber, dass der Jahresabschluss den Rechnungslegungsvorschriften entspricht und eine den tatsächlichen Verhältnissen entsprechendes Bild der Vermögens-, Finanz- und Ertragslage des Emittenten vermittelt (sog. Entsprechenserklärung/Bilanzeid), und
- eine Bestätigung der Wirtschaftsprüferkammer über die Eintragung des unterzeichnenden Wirtschaftsprüfers im Berufsregister der Wirtschaftsprüferkammer.

81

Eine weitere Folgepflicht ist die Veröffentlichung eines **Halbjahresfinanzberichts** für die ersten sechs Monate des Geschäftsjahres (§ 115 WpHG). Der

82

Halbjahresfinanzbericht bezweckt, die Anleger über die unterjährige Geschäftsentwicklung des Emittentenunternehmens zu informieren. Der Halbjahresfinanzbericht umfasst

- eine Entsprechenserklärung der gesetzlichen Vertreter der Emittenten (§ 115 Abs. 2 Nr. 3 WpHG),
- einen verkürzten Abschluss, bestehend aus einer verkürzten Bilanz und Gewinn- und Verlustrechnung (GuV) sowie einem Anhang (§ 115 Abs. 2 Nr. 1, Abs. 3 WpHG), und
- einen Zwischenlagebericht (§ 115 Abs. 2 Nr. 2, Abs. 4 WpHG). Dieser hat grundsätzlich die wichtigsten Ereignisse im emittierenden Unternehmen und deren Auswirkungen auf den verkürzten Abschluss sowie die wesentlichen Geschäftschancen und Risiken für die nächsten sechs Monate darzustellen.

83 Wesentlicher Bestandteil der Folgepflichten des Emittenten ist die **Ad-hoc-Publizität** i. S. d. § 26 Abs. 1 WpHG i. V. m. Art. 17 VO 596/2014/EU. So muss gemäß Art. 17 VO 596/2014/EU der Emittent Insiderinformationen über kursrelevante Ereignisse, die den Emittenten unmittelbar betreffen, unverzüglich veröffentlichen. Die Ad-hoc-Publizität dient dazu, die unterschiedlichen Informationsverteilungen (sog. Informationsasymmetrien) zwischen den Marktteilnehmern zu reduzieren, damit deren Vertrauen in die Funktionsfähigkeit des Kapitalmarktes zu schützen und so einen effizienten Kapitalmarkt zu erhalten.

84 Eine derartige Informationspflicht erstreckt sich auch auf die **Mitteilung von Eigengeschäften** von Führungskräften (sog. Managers Transactions) (§ 26 Abs. 2 WpHG i. V. m. Art. 19 VO 596/2014/EU).

Börsen haben ein Recht, in ihrer Börsenordnung Folgepflichten festzulegen, die über die gesetzlichen Anforderungen hinausgehen. Die Börse Frankfurt unterscheidet in diesem Zusammenhang in ihrem regulierten Markt zwischen zwei Marktsegmenten (sog. Qualitätssegmente, § 42 Abs. 1 BörsG); nämlich dem **Prime Standard** und dem **General Standard**. Diese unterscheiden sich in den vom Emittenten zu erfüllenden Transparenzpflichten. Der **General Standard** entspricht grundsätzlich den oben aufgezeigten (Folge)pflichten des regulierten Marktes. Dementgegen erweitert der **Prime Standard** die Transparenzpflichten der Emittenten über die gesetzlichen Anforderungen. Die Listung einer Aktie im Prime Standard ist Voraussetzung für die Einbeziehung der Aktie in die Indizes DAX, M-DAX, Tec-Dax und S-Dax.

Tab. 5: Vergleich der Folgepflichten des Emittenten im General und Prime Standard

Folgepflicht	Marktsegment	
	General Standard	Prime Standard
Erstellung Jahresfinanzbericht (§ 114 Abs. 1 WpHG)	(+)	(+) zusätzl. in englischer Sprache
Erstellung Halbjahresfinanzbericht (§ 115 WpHG)	(+)	(+) zusätzl. in englischer Sprache
Zwischenberichterstattungen zum ersten und dritten Quartal	(−)	(+) in deutscher und englischer Sprache
Ad-hoc-Publizität (§ 26 Abs. 1 WpHG i. V. m Art. 17 VO 596/2014/EU)	(+)	(+) zusätzl. in englischer Sprache
Mitteilung von Eigengeschäften von Führungskräften (§ 26 Abs. 2 i. V. m. Art. 19 VO 596/2014/EU)	(+)	(+) zusätzl. in englischer Sprache
Jährliche Analystenkonferenz	(−)	(+)
Erstellung Unternehmenskalender (z.B. Hauptversammlung, Bilanzpressekonferenz etc.)	(−)	(+) in deutscher und englischer Sprache

VI. Ausscheiden des Wertpapiers aus dem Börsenhandel (sog. Delisting)

Ebenso wie Regelungen zur Zulassung eines Wertpapieres zum Handel an der Börse regelt das BörsG auch das Ausscheiden des Wertpapieres vom Börsenhandel (sog. **Delisting**). Ein reguliertes Ausscheidungsverfahren ist notwendig, um Schaden von der Börse abzuwenden und insbesondere den Wertpapierinhaber zu schützen.

85

Als Delisting bezeichnet die Bankenwelt das „Streichen an der Börse zum Handel zugelassener Wertpapiere von der **Zulassungsliste**". Damit können die Aktien nicht mehr im regulierten Markt an der Börse gehandelt werden. Für sie bleibt dann nur der Freiverkauf.

86

87 Die Gründe für ein Delisting können u. a. darin liegen, dass die Börsengeschäftsführung – mit Unterstützung der Börsenaufsicht oder die Finanzdienstleistungsaufsicht (§ 3 Abs. 5a BörsG) – die Zulassung gem. § 39 Abs. 1 BörsG widerruft, nach dem deren Voraussetzungen (s. o.) nicht mehr vorliegen (**Zwangs-Delisting**). Den Widerruf hat die Börsengeschäftsführung der Börsenaufsichtsbehörde und der BaFin unverzüglich mitzuteilen (§ 39 Abs. 1a BörsG).

88 Auch die Aktiengesellschaften können die Zulassung ihrer Aktien zum Handel zurückziehen (sog. *Going Private*) (siehe § 39 Abs. 2 BörsG) (**reguläres/freiwilliges Delisting**). Dies ist etwa dann der Fall, wenn
- durch ein Zusammentreffen von Aktien in einer Hand das Handelsvolumen der Aktien sinkt, so dass die Folgekosten der Börsenzulassung (insbesondere die umfassenden Publizitätspflichten börsennotierter Aktiengesellschaften) den ohnehin geringen Handel der Aktien wirtschaftlich nicht mehr rechtfertigt, oder
- die Aktiengesellschaft aufgrund niedriger Börsenwerte der Aktien eine feindliche Übernahme fürchtet.
- Möglich ist das *Going Private* durch ein Delisting auch zur strategischen Vorbereitung eines „*Squeeze out*" (siehe Rn. 266 ff.).

89 Ein Delisting kennt unterschiedliche Erscheinungsformen:

Tab. 6: Erscheinungsformen Delisting

Begriff	Inhalt	Gründe
Zwangs-Delisting	Widerruf der Börsenzulassung zum Handel (regulierter Markt) durch Börsenaufsicht	Zulassungswiderruf nach den börsenaufsichtsrechtlichen Gründen (§ 39 Abs. 1 BörsG) [z. B. Handel mit entspr. Aktien nicht mehr mögl. od. Emittent erfüllt seine Zulassungsfolgepflichten nicht (mehr)]
reguläres/freiwilliges Delisting	oder Unternehmen (§ 39 Abs. 2 BörsG)	Unternehmerisch, strategische Gründe (s. o.)
Downlisting/Downgrading	Aktien-Zulassung verlässt den regulierten Markt ohne Börsennotierung um n anderen Marktsegment (z. B.: Freiverkehr) aufzugeben.	

VI. Ausscheiden des Wertpapiers aus dem Börsenhandel (sog. Delisting)

Begriff	Inhalt	Gründe
kaltes Delisting, auch unechtes Delisting	Beendigung der Börsennotierung (nicht über entspr. Entscheidung oder Gesellschaftsbeschluss), sondern als Folge unternehmerischer Maßnahmen (Umwandlung (§ 2 ff. UmwG), Formwechsel des Unternehmens in Gesellschaft anderer Rechtsform (etwa GmbH) (§ 193 ff. UmwG), Verschmelzung mit einem nicht börsennotierten Unternehmen)	Eintragung ins Handelsregister § 202 Abs. 1 Nr. 1 UmwG
vollständiges Delisting	Widerruf der Aktien- bzw. deren Zulassung von allen Börsen	Unternehmerisch, strategische Gründe (s. o.)
Teil-Delisting	Widerruf der Aktiennotierung an einigen Börsen	

Ein Delisting hat erhebliche negative Folgen für die Aktionäre, insbesondere für den Kleinstaktionär der *delistenden* Aktiengesellschaft. **90**

- Besonders einschneidend ist für den Aktionär, dass seine Aktien nicht mehr an der Börse (geregelter Markt) gehandelt werden und die Aktie aufgrund dieser Veräußerungsschwierigkeiten ihren Handels-Wert und damit im Einzelfall auch ihren Kurswert verliert.
- Die Zulässigkeit von Inhaberaktien entfällt nach § 10 Abs. 1 Nr. 2 AktG. Die betroffene Aktiengesellschaft darf dann nur mit Zustimmung der Hauptversammlung (§ 23 Abs. 3 Nr. 5 i. V. m. § 179 Abs. 1 Satz 1 AktG) Namensaktien ausstellen.
- Mit dem Rückzug der Aktien aus dem geregelten Markt entfallen die Folgepflichten der Börsenzulassung (s. o. Rn. 80, 83 f.). Diese gewährten dem Anleger Informationen und Transparenz, die er so – beim Handel der Aktien auf dem Freihandel – nicht mehr erhalten kann.

Diese erheblichen Eingriffe in die „Position" der Aktionäre – insbesondere Aspekt Nr. 1 – hat den BGH bereits am 25. November 2002 in seiner Entscheidung **Macroton** (NJW 2003, 103) dazu veranlasst, in freier Rechtsschöpfung zum Schutze der Aktionäre eine neue, ungeschriebene Kompetenz der Hauptversammlung der Aktiengesellschaft, also der Gesamtheit aller vom Delisting betroffener Aktionäre zu etablieren. Der BGH sah die verfassungsrechtlich geschützten Eigentumsrechte der Aktionäre (Art. 14 GG) beeinträchtigt. Ein Delisting ist nach der *Macroton-Entscheidung* nur zulässig, wenn ein entspre- **91** chender Beschluss der Hauptversammlung vorliegt, der den betroffenen Aktionären auch eine angemessene Entschädigung, etwa mittels eines seitens des Großaktionärs an die Kleinaktionäre abzugebendes **Pflichtangebot** zum Erwerb deren Aktien, zuspricht.

92 Dieser Entscheidung entzog das BVerfG – wenn auch mit fragwürdiger Begründung der Rechtsfortbildung des BGHs – den argumentativen Boden, indem es am 11. Juli 2012 (BVerfGE 132, 99) feststellte, dass ein Aktionär bei einem Delisting nicht in seinen Eigentumsrechten aus Art. 14 GG beeinträchtigt ist, nachdem ein Delisting nur zu börsentechnischen Veräußerungsschwierigkeiten führe und damit weder in die Substanz seines Eigentums noch seiner Rechtsposition eingreife.

93 In der Folgezeit hat das Delisting wohl fünf verschiedene und bis heute nicht befriedigende rechtliche Behandlungsweisen erfahren.

94 Voraussetzung der Zulässigkeit des Widerrufs ist, dass der Emittent den Wertpapierinhabern vor Widerruf ein **öffentliches Erwerbsangebot** unterbreitet (§ 39 Abs. 2 Satz 3 Nr. 1 BörsG). Das öffentliche Angebot dient dem Schutz des Anlegers. Dieses Angebot muss

- **unabhängig von Bedingungen** sein (§ 39 Abs. 3 Satz 1 BörsG) und
- eine **angemessene Gegenleistung** enthalten (§ 39 Abs. 3 Satz 2 BörsG i. V. m. § 31 WpÜG).

95 Angemessen ist die Gegenleistung, wenn das Angebot mindestens dem gewichteten durchschnittlichen inländischen Börsenkurs der Wertpapiere während der letzten sechs Monate vor der Veröffentlichung der Ankündigung des Erwerbsangebots (§ 39 Abs. 3 Satz 2 BörsG) entspricht. Vom Börsenkurs, als Berechnungsgrundlage, ist Abstand zu nehmen und auf den Unternehmenswert des Emittenten abzustellen, wenn

- sich marktmissbräuchliches Verhalten (fehlerhafte Ad-hoc-Mitteilungen, Marktmanipulationen) wesentlich auf den Börsenkurs ausgewirkt haben (§ 39 Abs. 3 Satz 3 BörsG) oder
- während der letzten sechs Monate vor der Veröffentlichung der Ankündigung des Erwerbsangebots weniger als an einem Drittel der Börsentage Börsenkurse festgestellt worden sind und mehrere nacheinander festgestellte Börsenkurse um mehr als 5 % voneinander abweichen (§ 39 Abs. 3 Satz 4 BörsG).

4. Kapitel   Prospekt-Pflicht für Wertpapiere

Einem Prospekt kommt auf dem Kapitalmarkt ein entscheidender Stellenwert zu. Es dient dem Zweck, potenzielle Anleger vollständig und zuverlässig von dem Wert, den Chancen und den Risiken der Anlage in Kenntnis zu setzen. Ein besonderes Gewicht hat dabei – neben der **Produktinformation** – die Aufklärung hinsichtlich der **Bonität des Emittenten**. Eine solche Information lässt sich für den Kunden nur unter extrem hohen Aufwendungen und zu ökonomisch missliebigen Kosten feststellen. Es besteht die Gefahr, dass diese Kosten derartig hoch sind, dass Anleger auf den Abschluss des Geschäfts verzichten müssen (sog. **prohibitive Kosten**) und dieser Effekt die Möglichkeit einer ausreichenden Unternehmensfinanzierung beschränkt. Diesem negativen Effekt kann das Prospekt begegnen. Voraussetzung ist die Verlässlichkeit der Informationen im Prospekt. Der europäische Gesetzgeber unterstreicht die Bedeutung von Prospekten dadurch, dass er – im Unterschied zu seiner üblichen Gesetzgebung – zahlreiche, entscheidende Regelungen in Form der europäischen Verordnung erlassen hat (👑 → Anhang 9 Vorschriften des EU-Prospektrechts). Verordnungen sind von den Mitgliedstaaten unmittelbar anzuwenden (Art. 288 AUEV) (siehe oben Rn. 32 ff.). Der nationale Gesetzgeber muss sie nicht in nationales Recht umwandeln. Der europäische Gesetzgeber erreicht damit ein Höchstmaß an Vereinheitlichung.

96

Der deutsche Gesetzgeber hat die Prospektpflicht – in Abhängigkeit des Produktes – in verschiedenen Spezialgesetzen normiert, nämlich dem **Wertpapierprospektgesetz (WpPG)**, dem **Vermögensanlagegesetz (VermAnlG)** und dem **Kapitalanlagegesetzbuch (KAGB)**.

97

Das VermAnlG regelt die Prospektpflicht für Vermögensanlagen, d. h. z. B. Unternehmensanteile, Anteile an Treuhandvermögen, und Namensschuldverschreibungen (§ 6 VermAnlG), und das KAGB die Prospektpflicht von Investmentvermögensanteilen (§§ 164, 268 KAGB).

98

Tab. 7:   Spezialgesetze der Prospektpflicht

Produkt	Spezialgesetze
Wertpapiere	WpPG, EU-Prospekt-VO
Anteile am Investmentvermögen (Fonds)	§§ 164 (OGAW), 268 KAGB (geschlossene Investmentvermögen)
Vermögensanlagen	§ 6 VermAnlG

37

4. Kapitel Prospekt-Pflicht für Wertpapiere

99 Die nachfolgenden Ausführungen beschränken sich auf das **WpPG** und die VO (EU) Nr. 2017/1129 v. 14. Juni 2017 (sog. **EU-Prospekt-Verordnung**) und damit auf Wertpapiere i. S. d. § 2 Abs. 1 WpHG. Denn in der Praxis ist die Prospektpflicht von Wertpapieren am bedeutendsten.

100 Zudem sind die Prospektpflichten in ihren Voraussetzungen und Rechtsfolgen sehr ähnlich. Das WpPG und die EU-Prospekt-VO regeln die Prospektpflicht für alle Wertpapiere, die an einem Markt gehandelt werden können (§ 2 Abs. 1 WpPG i. V. m. Art. 2 lit. a EU-Prospekt-VO i. V. m. Art. 4 Abs. 1 Nr. 44 Rl 2014/65/EU MiFID II). Dies sind die oben aufgezeigten Wertpapiere i. S. d. § 2 Abs. 1 WpHG (siehe oben Rn. 61 ff.). Ausdrücklich ausgenommen hiervon sind Geldmarktinstrumente mit einer Laufzeit von weniger als zwölf Monaten (§ 2 Nr. 1 WpPG i. V. m. Art. 2 lit. a EU-Prospekt-VO i. V. m. Art. 4 Abs. 1 Nr. 17 Rl 2014/65/EU MiFID II). Hierzu zählen im Wesentlichen
- Einlagenzertifikate,
- Schatzanweisungen und
- Commercial Paper.

Ihre kurze Laufzeit, aber auch deren klare Struktur rechtfertigen den Verzicht auf einen Prospekt.

Tab. 8: Geldmarktinstrumente

Produkt	Erklärung
Einlagenzertifikat (auch: Certificates of Deposit)	Beim Einlagenzertifikat stellt der Anleger dem Ausgeber des Einlagenzertifikats für eine festgelegte Laufzeit Kapital zur Verfügung, die der Ausgeber am Ende mit einem fixen Zinssatz vergütet. Geldmarktzertifikate ähneln daher stark der Anleihe. In folgenden zwei Punkten zeigen sie jedoch Unterschiede: 1. Zertifikateausgeber: Anleihen geben in der Regel Unternehmen oder Staaten aus. Herausgeber von Einlagenzertifikaten sind in der Regel Banken. 2. Laufzeit: Während Anleihen grundsätzlich eine langfristige Laufzeit aufweisen (über Jahre), ist das Einlagenzertifikat eher kurzfristig. Es umfasst in der Regel wenige Monate.
Schatzanweisung	Schatzanweisungen sind kurz- oder mittelfristige Anleihen, die vom Bund oder den Ländern ausgegeben werden.
Commercial Paper	Commercial Paper ähneln stark dem Einlagenzertifikat. Auch hier stellt der Anleger dem Ausgeber Kapital für einen fixierten Zeitraum zur Verfügung. Im Unterschied zum Einlagenzertifikat sind die Laufzeiten nicht standardisiert (i. d. R. 30 bis 270 Tage). Auch erhält der Anleger am Ende nicht seinen Erwerbspreis zzgl. Zinsen zurück. Die Commercial Paper gibt der Ausgeber zum abgezinsten Nennwert heraus. D. h., der Ausgabepreis setzt sich zusammen aus dem Rückzahlungspreis abzgl. der gewährten Zinsen.

I. Zeitpunkt und Inhalt der Prospekterstellung

Der Emittent hat ein Wertpapierprospekt dann zu erstellen, wenn **101**
- er die **Zulassung eines Wertpapieres zum regulierten Markt** bei der Börsengeschäftsführung beantragt (siehe oben Rn. 28 ff.) oder
- er die Wertpapiere **öffentlich** anbietet (sog. „**öffentliches Angebot**") (§ 1 WpPG; Art. 1 Abs. 1 EU-Prospekt-VO) (⌂ → Anhang 10 Einzelheiten zum „öffentlichen Angebot").

Die inhaltlichen **Mindestangaben** des Prospekts bestimmen die EU-Prospekt-VO in Art. 6–9 und 13–19 sowie ergänzend die Delegierten Verordnungen (EU) 2019/980 und (EU) 2019/979. Grundsätzlich muss ein Prospekt Angaben über **102**
- die Vermögenswerte und Verbindlichkeiten, die Gewinne und Verluste, die Finanzlage, die Aussichten des Emittenten und eines etwaigen Garantiegebers,
- die mit den Wertpapieren verbundenen Rechte und
- die Gründe für die Emission und ihre Auswirkungen auf den Emittenten (Art. 6 Abs. 1 Satz 1 EU-Prospekt-VO)

enthalten (⌂ → Anhang 11 Inhalt des Wertpapierprospekts).

Diese Angaben müssen zum Zeitpunkt der Billigung des Prospekts (siehe unten Rn. 105 ff.) korrekt sein. Für die Beurteilung des Wertpapiers relevante, neu eintretende Umstände (Aktualisierungen) oder Unrichtigkeiten und Ungenauigkeiten (Berichtigungen) hat der Antragsteller allerdings – auch nach der Zulassung und der erstmaligen Zurverfügungstellung des Prospekts – im Prospekt nachzutragen (Art. 23 Abs. 1 Satz 1 EU-Prospekt-VO). Die **Aktualisierungs- und Berichtigungspflicht** begrenzt sich allerdings auf jenen Zeitraum bis zum „Schluss des öffentlichen Angebots" oder der „Eröffnung des Handels", falls dieser später erfolgt (Art. 23 Abs. 1 Satz 1 EU-Prospekt-VO). **103**

Das Prospekt muss den Anlegern öffentlich zugänglich sein (Art. 21 Abs. 1 Satz 1 EU-Prospekt-VO). Als **Veröffentlichungsmedium** dient grundsätzlich das Internet (Art. 21 Abs. 2 EU-Prospekt-VO). Zu den zahlreichen Ausnahmen von der Pflicht zur Prospekterstellung siehe ⌂ → Anhang 12 Ausnahmen der Prospekterstellung. **104**

4. Kapitel Prospekt-Pflicht für Wertpapiere

Tab. 9: Nachtragspflichtige Ereignisse

Nachtragspflichtige Ereignisse i. S. d. Art. 18 Delegierte VO (EU) 2019/979:
• die Veröffentlichung neuer geprüfter Jahresabschlüsse durch den Emittenten, • die Veröffentlichung einer Gewinnprognose oder -schätzung durch den Emittenten, • die Aufnahme einer Änderung oder einer Rücknahme einer Gewinnprognose oder -schätzung in den Prospekt, • die Veränderungen der Kontrollverhältnisse beim Emittenten, • ein öffentliches Übernahmeangebot von Dritten, • bei Eintreten des Falls, dass das Geschäftskapital laut der in einen Prospekt aufgenommenen Erklärung zum Geschäftskapital im Hinblick auf die aktuellen Verpflichtungen des Emittenten eine ausreichende bzw. nicht ausreichende Höhe erreicht, • der Antrag eines Emittenten auf Zulassung zum Handel an mindestens einem zusätzlichen geregelten Markt in mindestens einem zusätzlichen Mitgliedstaat oder geplantem öffentlichen Angebot in mindestens einem zusätzlichen Mitgliedstaat, der nicht im Prospekt genannt wird, oder • die Erhöhung des aggregierten Nominalbetrags des Angebotsprogramms.

II. Billigung des Prospekts durch die BaFin

105 Vor der Veröffentlichung des Prospekts durch den Emittenten bedarf der Prospekt der Genehmigung (sog. **Billigung**) durch die BaFin (Art. 20 EU-Prospekt-VO i. V. m. § 17 WpPG).

Die Pflicht zur Billigung erstreckt sich auch auf Nachträge (Art. 23 Abs. 1 Satz 1 EU-Prospekt-VO).

106 Die Billigung ist ein Verwaltungsakt (§ 35 VwVfG). Hierbei prüft die BaFin das Prospekt auf **Vollständigkeit** auf die in den Art. 6–9, 13–19 EU-Prospekt-VO i. V. m. der Delegierten Verordnung (EU) Nr. 2019/980 und der Delegierten Verordnung (EU) Nr. 2019/979 geforderten Angaben. Ferner untersucht die BaFin den Prospekt darauf, ob die in ihm getätigten Angaben widerspruchsfrei (**Kohärenz**) und für den Anleger verständlich sind (**Verständlichkeit**) (Art. 20 Abs. 4 EU-Prospekt-VO).

Auf die inhaltliche Richtigkeit der Angaben überprüft die BaFin den Prospekt nicht.

107 Die Prüfungsfrist beläuft sich grundsätzlich auf 10 Arbeitstage nach Prospekteinreichung (Art. 20 Abs. 2 EU-Prospekt-VO). Bei Neuemittenten erhöht sich diese Frist auf 20 Arbeitstage (Art. 20 Abs. 3 EU-Prospekt-VO). Erfüllt der Prospekt die gesetzlichen Anforderungen, ist ein Billigungsanspruch des Antragsstellers anzunehmen. Die Billigung oder Unbilligung teilt die BaFin dem Emittenten schriftlich mit.

Kommt die BaFin ihrer Prüfungspflicht nicht nach, führt dies nicht zur Billigung des Prospekts. Dem Emittenten bleibt in diesem Fall nur ein Anspruch aus Amtspflichtverletzung (§ 75 VwGO).

III. Der kleine Prospekt: Das Wertpapierinformationsblatt (WIB)

Öffentliche Angebote **(Kleinstemissionen)** bis 8 Mio. € unterliegen der Wertpapierprospektpflicht nicht (Art. 1 Abs. 3 EU-Prospekt-VO; § 3 WpPG). Der deutsche Gesetzgeber verlangt bei öffentlichen Angeboten mit einem Gesamtgegenwert von **100.000 bis 8 Mio. €** hingegen ein **Wertpapierinformationsblatt** („WIB") (§§ 4 bis 6 WpPG). Das Wertpapierinformationsblatt zielt darauf ab, dem Anleger die Vergleichbarkeit von prospektfreien Wertpapierangeboten zu verbessern. Im Vergleich zum Wertpapierprospekt fällt das Wertpapierinformationsblatt mit maximal drei DIN-A4 Seiten inhaltlich wesentlich schmaler aus.

108

Tab. 10:   Mindestinhalte des Wertpapierinformationsblattes

Mindestinhalte des Wertpapierinformationsblattes (§ 4 Abs. 3 WpPG):
• die Art, die genaue Bezeichnung und die internationale Wertpapier-Identifikationsnummer (ISIN) des Wertpapiers,
• die Funktionsweise des Wertpapiers einschließlich der mit dem Wertpapier verbundenen Rechte,
• Angaben zur Identität des Anbieters, des Emittenten einschließlich seiner Geschäftstätigkeit und eines etwaigen Garantiegebers,
• die mit dem Wertpapier, dem Emittenten und einem etwaigen Garantiegeber verbundenen Risiken,
• den auf Grundlage des letzten aufgestellten Jahresabschlusses berechneten Verschuldungsgrad des Emittenten und eines etwaigen Garantiegebers,
• die Aussichten für die Kapitalrückzahlung und Erträge unter verschiedenen Marktbedingungen,
• die mit dem Wertpapier verbundenen Kosten und Provisionen,
• die Angebotskonditionen einschließlich des Emissionsvolumens sowie
• die geplante Verwendung des voraussichtlichen Nettoemissionserlöses.

5. Kapitel Prospekthaftung

109 Die Durchsetzung der oben erläuterten Wertpapierprospektpflicht sanktioniert der Gesetzgeber mit zahlreichen **Bußgeldtatbeständen** des § 24 WpPG. Es handelt sich u. a. um

- das Anbieten eines Wertpapieres, ohne zuvor einen Prospekt erstellt zu haben (§ 24 Abs. 3 Nr. 1 WpPG),
- die Nichtangabe oder die nicht richtige Angabe eines feststehenden endgültigen Emissionspreises und des Emissionsvolumens (§ 24 Abs. 4 Nr. 19 WpPG),
- das nicht rechtzeitige Hinterlegen des Emissionspreises oder des Emissionsvolumens (§ 24 Abs. 4 Nr. 18 WpPG),
- die Veröffentlichung eines Prospekts vor seiner Billigung (Art. 24 Abs. 3 Nr. 12 WpPG),
- die nicht richtige oder nicht rechtzeitige, vollständige oder nicht in der vorgeschriebenen Weise vorgenommene Veröffentlichung eines Prospekts (Art. 24 Abs. 3 Nr. 13 WpPG),
- das nicht Zurverfügungstellen einer Papierversion des Prospekts auf Verlangen des Anlegers (Art. 24 Abs. 3 Nr. 15 WpPG),
- die Nichtveröffentlichung eines Nachtrages oder dessen nicht richtige, nicht vollständige oder nicht in der vorgesehenen Weise vorgenommene Veröffentlichung (Art. 24 Abs. 3 Nr. 17 WpPG),
- das Zuwiderhandeln gegen eine vollziehbare Anordnung der Aufsichtsbehörde (§ 24 Abs. 2 WpPG).

Der Täter muss die Tatbestände des § 24 WpPG **vorsätzlich** oder sogar **leichtfertig** erfüllen.

110 Ferner schafft der Gesetzgeber insbesondere mit **zivilrechtlichen Prospekthaftungsansprüchen** (§§ 8 ff. WpPG) eine weitere Sanktion. Die zivilrechtliche Sanktion kann unter Umständen für den Prospektverantwortlichen noch einschneidender sein, da die Aussicht, eigene Fehlspekulationen durch „Schadenersatzansprüche" auszugleichen, jeden einzelnen Anleger motiviert, derartige Ansprüche gegen den Prozessverantwortlichen geltend zu machen. Mithilfe dieser privatrechtlichen Schadenersatzansprüche schafft der Gesetzgeber somit Anreize für Anleger, ein entsprechendes **Markt-Fehlverhalten** des Emittenten bzw. des Prospektverantwortlichen zu ermitteln bzw. zu sanktionieren.

Der Gesetzgeber vergrößert damit die Kontrolldichte für bank- und kapitalmarktrechtliches Fehlverhalten.

Die zivilrechtlichen Prospekthaftungsansprüche greifen ein, wenn **111**
- der Prospekt unrichtige Angaben enthält oder unvollständig ist (§§ 9, 10 WpPG) oder
- der Emittent ein Prospekt entgegen Art. 3 Abs. 1 EU-Prospekt-VO nicht veröffentlicht (§ 14 WpPG).

Tab. 11: Spezialgesetzliche Prospekthaftungsansprüche und Bußgelder

	Bußgeld	Prospekthaftung
Wertpapiere (WpPG, EU-Prospekt-VO)	§ 24 WpPG	Fehlerhafter Prospekt: §§ 9, 10 WpPG
		Fehlender Prospekt: § 14 WpPG
Anteile am Investmentvermögen (Fonds) (§§ 164, 268 KAGB)	§ 340 KAGB	Fehlerhafter Prospekt: § 306 Abs. 1 KAGB
		Fehlender Prospekt: § 306 Abs. 5 KAGB
Vermögensanlagen (§ 6 VermAnlG)	§ 29 VermAnlG	Fehlerhafter Prospekt: § 20 VermAnlG
		Fehlender Prospekt: § 21 VermAnlG

I. Haftung für fehlerhaften Prospekt (§§ 9, 10 WpPG)

Die zivilrechtliche Haftung für **fehlerhafte Börsenzulassungsprospekte** regelt **112**
der § 9 WpPG und für **fehlerhafte Prospekte** im Rahmen des „öffentlichen Angebots" der § 10 WpPG. Da der § 9 und § 10 WpPG sich in ihrem Inhalt weitgehend entsprechen, werden sie im Folgenden gemeinsam behandelt.

In ihrem Inhalt vergleichbare Haftungsregelungen für einen fehlerhaften Prospekt finden sich auch in § 306 Abs. 1 KAGB, § 20 VermAnlG.

Ein Prospekt ist gem. §§ 9, 10 WpPG fehlerhaft, wenn **wesentliche Angaben** für **113**
die Beurteilung des Wertpapiers unrichtig oder unvollständig sind.

Seit dem BuM-Urteil (BGH NJW 1982, 2823) fasst die Rechtsprechung unter „Angaben" nicht nur Tatsachen, sondern auch Werturteile und Prognosen (§ 75 VwGO).

114 Unrichtig ist das Prospekt, wenn im Prospekt dargestellte Tatsachen, Meinungen, Prognosen und Werturteile zum Zeitpunkt der Billigung des Prospekts durch die BaFin (siehe oben Rn. 105 ff.) die tatsächlichen Verhältnisse nicht wiederspiegeln. Bei den eher „subjektiven" Meinungen, Prognosen und Werturteilen ist auf eine kaufmännische Sichtweise abzustellen. Sie sind dann unrichtig, wenn sie nicht umfangreich durch kaufmännisch nachvollziehbare Tatsachen gestützt sind. **Unvollständig** ist das Prospekt, wenn Mindestangaben fehlen.

115 Mit unrichtigen und fehlenden Angaben ist die Voraussetzung der Haftung allerdings nicht erfüllt. §§ 9, 10 WpPG verlangen, dass die unrichtigen und unvollständigen Angaben **wesentlich** für die Anlageentscheidung des Anlegers waren. Grundsätzlich zählen zu den wesentlichen Angaben Nachteile und Risiken und Informationen über Umstände, die ein **„durchschnittlicher Anleger"** bei seiner Anlageentscheidung berücksichtigt und die in der Lage sind, den Anleger vom Erwerb abzuhalten.

> Ein „durchschnittlicher Anleger" ist nach der Rechtsprechung ein aufmerksamer Anleger, der den Prospekt sorgfältig und eingehend liest, der aber kein überdurchschnittliches Fachwissen aufweist und mit der gebräuchlichen Fach-/Schlüsselsprache nicht vertraut ist (BGH WM 1982, 862, 863; BGH WM 2005, 782, 784; BGH ZIP 2007, 1993; BGH WM 2012, 115 Rn. 25; BGH NZG 2012, 1262, 1265; 📖 → BGH, Urt. v. 18.9.2012 – XI ZR 344/11).

116 Die Rechtsprechung sieht als eine derartige wesentliche Angabe auch die Angabe von Anfechtungsklagen gegen einen Kapitalerhöhungsbeschluss, auf dem die Emission neuer Aktien beruht, an (BGH NJW 1998, 3345).

117 Das Merkmal der Wesentlichkeit impliziert im Umkehrschluss, dass das Fehlen einer Mindestangabe (Art. 13 EU-Prospekt-VO i. V. m. der Delegierten VO 2019/980) nicht automatisch den Prospekt unrichtig und unvollständig i. S. d. §§ 9 Abs. 1 Satz 1, 10 WpPG macht und damit eine Haftung hervorruft.

> Von praktischer Relevanz ist, dass von einer Wesentlichkeit auch dann auszugehen ist, wenn einzelne Angaben allein in ihrer Gesamtbetrachtung einen unzutreffenden Gesamteindruck hinsichtlich der Chancen und Risiken der Anlage erzeugen. (siehe BuM-Urteil, BGH NJW 1982, 2823).

118 **Beurteilungszeitpunkt** des Prospekts ist grundsätzlich der Zeitpunkt der Billigung des Wertpapierprospekts durch die BaFin. Bei einem Nachtrag erstreckt

I. Haftung für fehlerhaften Prospekt (§§ 9, 10 WpPG)

sich der Beurteilungszeitpunkt auf den Schluss des „öffentlichen Angebots" bzw., falls dieses später erfolgt, mit der Einführung in den Handel an einem geregelten Markt (Art. 23 Abs. 1 UAbs. 1 EU-Prospekt-VO) (zum Zeitpunkt des „öffentlichen Angebots" und der „Einführung" siehe oben Rn. 101).

119 Ausgeschlossen ist der Prospekthaftungsanspruch des Anlegers dann, wenn dieser das Wertpapier mehr als sechs Monate nach dessen erstmaliger Einführung bzw. dem „öffentlichen Angebot" erwirbt (§§ 9 Abs. 1, 10 Abs. 1 WpPG).

120 1. **Ursächlichkeit.** Eine weitere Voraussetzung der Prospekthaftung nach §§ 9 Abs. 1, 10 WpPG ist, dass der Anleger die Wertpapiere aufgrund der wesentlichen unrichtigen oder unvollständigen Angaben erworben hat (sog. **Kausalität**). Eine Prospekthaftung schließt sich damit aus, wenn der Anleger die Wertpapiere nicht aufgrund des Prospekts erworben hat (§ 12 Abs. 2 Nr. 1 WpPG).

> Der BGH (BGH 139, 225 ff. = NJW 1998, 3345 ff.) beurteilt das Vorliegen der Kausalität zwischen der falschen Prospektangabe und des Erwerbs der angebotenen Wertpapiere sehr großzügig. Es genügt eine „mittelbare" Kausalität. Das heißt, der Erwerber muss die Wertpapiere nicht unmittelbar aufgrund der (falschen) Angabe des Prospekts erworben haben. Es genügt zur Bejahung dieser Kausalität beispielsweise auch die Kaufempfehlung eines Dritten (Anlageberaters), ohne dass der Erwerber den Prospekt und seinen Inhalt überhaupt zur Kenntnis genommen, geschweige denn gelesen hat.

> Eine mangelnde Kausalität kommt u. a. dann in Frage, wenn der Anleger die Wertpapiere auf Empfehlungen von Freunden oder der Presse erworben hat.

121 Auch dann, wenn der Erwerber die Unrichtigkeit oder Unvollständigkeit der Angaben des Prospekts bei dem Erwerb kannte, ist eine Prospekthaftung ausgeschlossen (sog. **Mitverschulden**) (§ 12 Abs. 2 Nr. 3 WpPG). Den **Beweis** für eine mangelnde Ursächlichkeit des Erwerbs der Wertpapiere trägt der Anspruchsgegner, d. h. der Prospekterlasser und der Prospektveranlasser (§ 12 Abs. 2 Nr. 1 WpPG). In der Praxis ist die mangelnde Ursächlichkeit des Erwerbs für den Anspruchsgegner nur schwer nachzuweisen.

122 2. **Anspruchsgegner bei fehlerhaftem Prospekt (Prospekterlasser und Prospektveranlasser).** Haften müssen gemeinsam, d. h. **gesamtschuldnerisch** i. S. d. § 9 Abs. 1 Satz 1 WpPG i. V. m. §§ 421 ff. BGB, diejenigen, die für den Prospekt die Verantwortung übernommen haben (sog. Prospekterlasser), und diejenigen, von denen der Erlass des Prospekts ausgeht (sog. Prospektveranlasser).

Bei der gesamtschuldnerischen Haftung kann der Anleger den Haftungsbetrag von jedem beliebigen Prospektveranlasser und Prospekterlasser in der gesamten Höhe einfordern.

123 Als **Prospekterlasser** führt der § 8 WpPG den Anbieter, den Emittenten, den Zulassungsantragsteller, d. h. den Emissionsbegleiter, und einen eventuellen Garantiegeber auf. Grundsätzlich tragen diejenigen Personen die Verantwortung und damit die Haftung, die den Prospekt nach Außen durch **Unterschrift** unterzeichnet haben. Über die in § 8 WpPG genannten Akteure können auch Dritte durch Unterzeichnung des Prospekts oder die Vereinbarung einer Erklärung, mit der sie die Verantwortung übernehmen (sog. **Prospekterklärung**), verantwortlich für den Prospekt sein und damit gesamtschuldnerisch haften.

 In der Praxis begleiten oft mehrere Banken als Emissionsbegleiter die Emission des Emittenten (sog. Konsortium). Prospekterlasser und damit haftungsverantwortlich ist grundsätzlich nur die federführende Bank (sog. Konsortialführerin); es sei denn, auch andere Banken haben das Prospekt unterzeichnet oder über eine Prospekterklärung die Prospektverantwortung übernommen.

124 **Prospektveranlasser** sind Personen, von denen der Erlass des Prospekts ausgeht. Der Prospektveranlasser hat – im Unterschied zum Prospekterlasser – das Prospekt nicht unterzeichnet und tritt grundsätzlich nicht nach Außen auf. Zentral ist, dass er ein eigenes Interesse an der Emission hat.

 Die Rechtsprechung geht bereits dann von einem Prospektveranlasser aus, wenn die Person „auf die Konzeption des konkreten, mit dem Prospekt beworbenen und vertriebenen Modells maßgeblich Einfluss genommen hat und damit letztendlich auch für die Herausgabe des Prospektes verantwortlich ist" (BGHZ 195, 1, 16, Rn. 36 f.).

125 Prospektveranlasser sind z. B. Großaktionäre, die ihre Aktien bei einem Börsengang anbieten, oder die Konzernmuttergesellschaft (BGH NJW-RR, 2006, 610; BGHZ 195, 1, 7 Rn. 17 ff.).

I. Haftung für fehlerhaften Prospekt (§§ 9, 10 WpPG)

Experten (z. B. Wirtschaftsprüfer, Rechtsanwälte etc.), die an der Prospekterstellung mitgewirkt haben, sind grundsätzlich keine Anspruchsgegner i. S. d. §§ 9, 10 WpPG. Denn §§ 9, 10 WpPG verlangen, dass der Anspruchsgegner eine Gesamtverantwortung für den Prospekt übernimmt. Experten sind dementgegen grundsätzlich nur für einen kleinen Teil des Prospekts verantwortlich. Sie unterliegen der bürgerlich-rechtlichen Prospekthaftung (siehe Rn. 110, 141 ff.).

3. Verschulden. Eine weitere Voraussetzung der Prospekthaftung ist, dass der Anspruchsgegner nur bei **Vorsatz** und **grober Fahrlässigkeit** zu haften hat (§ 12 Abs. 1 WpPG). Das heißt, er haftet, wenn er die Unvollständigkeit oder Unrichtigkeit im Prospekt kannte oder grob fahrlässig nicht erkannt hat. Grob fahrlässig handelt der Prospekterlasser oder Prospektveranlasser dann, wenn er die erforderliche Sorgfalt bei der Erstellung des Prospekts verletzt hat bzw. er naheliegende Überlegungen nicht traf. **126**

Grundsätzlich liegt grobe Fahrlässigkeit vor, wenn
- dem Prospektverantwortlichen konkrete Anhaltspunkte für die unrichtigen Angaben vorliegen oder
- Informationen Zweifel an der Richtigkeit der getätigten Angaben wecken müssen, denen er nicht nachgeht.

Der Tatbestand der groben Fahrlässigkeit ist individuell abhängig von der **Fach- und Sachkenntnis** und den **Nachforschungsmöglichkeiten** des jeweiligen Prospektverantwortlichen. Ein besonders hoher Sorgfaltsmaßstab gilt für den Emittenten. Denn er ist über sein Unternehmen am besten informiert. Er kann sich deshalb nur schwer auf seine Unkenntnis berufen.

Eine Kontrollpflicht ist grundsätzlich nicht anzunehmen: **127**
- Kontrolle der Buchführung (RGZ 80, 196, 199),
- Kontrolle des Jahresabschlusses (BGH WM 1982, 862, 864),
- Kontrolle bei Vorarbeiten von Sachverständigen (Rechtsanwälte, Steuerberater, Notare) (BGHZ 93, 264, 266).

4. Rechtsfolgen. Die Rechtsfolgen der Prospekthaftung richten sich für den Erwerber danach, **128**
- ob er noch (§§ 9 Abs. 1 Satz 1, 10 WpPG) oder
- nicht mehr Inhaber (§§ 9 Abs. 2, 10 WpPG) der Wertpapiere ist.

5. Kapitel   Prospekthaftung

129 Ist der Erwerber noch **Inhaber der Wertpapiere**, kann er von den gesamtschuldnerisch haftenden Prospektverantwortlichen die Übernahme der Wertpapiere verlangen (§§ 9 Abs. 1 Satz 1, 10 WpPG). Die Übernahme erfolgt grundsätzlich zu jenem Preis, den der Erwerber beim Erwerb gezahlt hat (sog. **Erwerbspreis**), begrenzt durch den Preis, zu dem die Wertpapiere aufgrund des Prospekts veräußert wurden (sog. **Ausgabepreis**). Das heißt, liegt der Erwerbspreis über dem Ausgabepreis, ist lediglich der Ausgabepreis erstattungsfähig.

> **Beispiel 1:**
> Herr Magnus erwarb am 23. März 2021 eine Aktie der Götte-Weiß AG zu einem Erwerbspreis von 70 €. Der Ausgabepreis der Aktie betrug am 23. Februar 2021 80 €. Hat Magnus einen Prospekthaftungsanspruch, kann er von den Anspruchsgegnern eine Erstattung i. H. v. 70 € gegen Rückgabe der Aktie an den Anspruchsgegner verlangen.

> **Beispiel 2:**
> Herr Magnus erwarb die Aktie der Götte-Weiß AG am 23. März 2021 nicht zu einem Erwerbspreis von 70 €, sondern 100 €. In diesem Fall liegt der Erwerbspreis 20 € über dem Ausgabepreis (80 €). Der Ausgabepreis dient hier als Begrenzung des Erstattungsanspruchs des Herrn Magnus. Magnus kann von den Anspruchsgegnern also nur eine Erstattung i. H. v. 80 € verlangen.

130 Erstattungsfähig sind auch die üblichen Kosten, die dem Erwerber beim Erwerb entstanden sind (**Erwerbsnebenkosten**). Hierzu zählen Provisionen und Transaktionskosten (z. B. Maklercourtage). Den Erwerber trifft die Pflicht, dem Anspruchsgegner die Wertpapiere nach Zahlung des Preises herauszugeben.

131 Ist der Erwerber nicht mehr Inhaber der Wertpapiere, kann der Erwerber vom Anspruchsgegner den negativen Unterschiedsbetrag zwischen dem Erwerbspreis, begrenzt durch den Ausgabepreis, und dem **Weiterveräußerungspreis** zzgl. der üblichen Kosten verlangen. Der Weiterveräußerungspreis ist jener Betrag, den der Erwerber bei der Weiterveräußerung erzielt.

> **Beispiel 3:**
> Herr Magnus erwarb am 23. März 2021 eine Aktie der Götte-Weiß AG zu einem Erwerbspreis von 70 €. Der Ausgabepreis der Aktie betrug am 23. Februar 2021 80 €. Am 27. März 2021 veräußert Magnus die Aktie zu 20 € weiter. Hat Magnus einen Prospekthaftungsanspruch, kann er von den Anspruchsgegnern eine Erstattung i. H. v. 50 € (70 € – 20 €) verlangen.

II. Haftung für fehlende Veröffentlichung des Prospekts (§ 14 WpPG)

> **Beispiel 4:**
> Herr Magnus erwarb die Aktie der Götte-Weiß AG am 23. März 2021 nicht zu einem Erwerbspreis von 70 €, sondern 100 €. In diesem Fall liegt der Erwerbspreis 20 € über dem Ausgabepreis (80 €). Der Ausgabepreis dient hier als Begrenzung des Erstattungsanspruchs des Herrn Magnus. Am 27. März 2021 veräußert Magnus die Aktie zu 20 € weiter. Hat Magnus einen Prospekthaftungsanspruch, kann er von den Anspruchsgegnern eine Erstattung i. H. v. 60 € (80 €−20 €) verlangen.

Liegt der Weiterveräußerungspreis über dem Erwerbspreis bzw. Ausgabepreis, entfällt der Schadenersatzanspruch nach §§ 9 Abs. 2 Satz 1, 10 WpPG. **132**

> **Beispiel 5:**
> Herr Magnus erwarb am 23. März 2021 eine Aktie der Götte-Weiß AG zu einem Erwerbspreis von 70 €. Der Ausgabepreis der Aktie betrug am 23. Februar 2021 80 €. Am 27. März 2021 veräußert Magnus die Aktie zu 120 € weiter. Hier entfällt der Schadenersatzanspruch, da der Veräußerungspreis höher ist als der Erwerbspreis.

Eine Vereinbarung, mit der der Prospektverantwortliche die Prospekthaftung aus §§ 9, 10 WpPG ausschließt (sog. **Haftungsfreizeichnung**), ist nicht zulässig und unwirksam (§ 16 Abs. 1 WpPG). Die **Verjährungsfrist** der Prospekthaftung aus §§ 9, 10 WpPG beträgt drei Jahre (§ 195 BGB). **133**

II. Haftung für fehlende Veröffentlichung des Prospekts (§ 14 WpPG)

Die Haftung für eine fehlende Veröffentlichung des Wertpapierprospekts regelt der § 14 WpPG. **134**

> In ihrem Inhalt vergleichbare Haftungsregelungen für einen fehlenden Prospekt finden sich auch in § 306 Abs. 5 KAGB, § 21 VermAnlG.

§ 14 WpPG greift ein, **135**
- wenn der Emittent kein Prospekt
- oder ein nicht gebilligtes Prospekt

veröffentlicht hat.

5. Kapitel Prospekthaftung

 Unterlassene Nachträge unterfallen dem § 14 WpPG nicht. Sie unterliegen §§ 9, 10 WpPG.

136 In seinen inhaltlichen Voraussetzungen ähnelt § 14 WpPG stark den §§ 9, 10 WpPG. Eine Voraussetzung der Haftung nach § 14 Abs. 1 WpPG ist – wie bei §§ 9 Abs. 1, 10 WpPG – die Ursächlichkeit von Erwerbsgeschäft und fehlendem Prospekt (**Kausalität**). Das heißt, die pflichtwidrige Nichtveröffentlichung des Prospekts muss ursächlich für den Erwerb der Wertpapiere durch den Anleger sein. Eine Haftung nach § 14 WpPG schließt sich damit aus, wenn der Erwerber die pflichtwidrige Nichtveröffentlichung des Prospekts kannte (sog. **Mitverschulden**) (§ 12 Abs. 4 WpPG). Für die Geltendmachung der Haftung nach § 14 WpPG muss der Erwerber die Wertpapiere vor Veröffentlichung eines Prospekts erworben haben. Der Erwerb der Wertpapiere nach einer, wenn auch verspäteten Veröffentlichung, schließt die Haftung nach § 14 WpPG aus.

137 Anspruchsgegner der Haftung aus § 14 WpPG sind der **Emittent** und der **Anbieter** der Wertpapiere (§ 14 Abs. 1 Satz 1 WpPG). Sie haften gesamtschuldnerisch. Der Anspruchsgegner hat für eine Haftung die Nicht-Veröffentlichung des Prospekts zu verschulden.

138 Auch bei der Haftung nach § 14 WpPG richten sich die Rechtsfolgen – wie bei der Haftung nach §§ 9, 10 WpPG – danach, ob der Erwerber noch Inhaber der Wertpapiere ist oder nicht. Hält der Erwerber die Inhaberschaft über die Wertpapiere, kann er vom haftenden Prospektverantwortlichen die Übernahme der Wertpapiere zum Erwerbspreis zzgl. der Erwerbsnebenkosten, begrenzt durch den ersten Erwerbspreis, verlangen (§ 14 Abs. 1 Satz 1 WpPG). Ist der Erwerber nicht mehr Inhaber der Wertpapiere, kann der Erwerber vom Anspruchsgegner den negativen Unterschiedsbetrag zwischen dem Erwerbspreis – begrenzt durch den ersten Erwerbspreis – und dem Weiterveräußerungspreis zzgl. der üblichen Kosten verlangen.

139 Auch bei § 14 WpPG hat der Anleger – wie bei §§ 9, 10 WpPG – einen Haftungsanspruch nur in einem definierten Zeitfenster. Dieses Zeitfenster beginnt mit dem ersten öffentlichen Angebot und endet nach Ablauf von sechs Monaten.

140 Eine **Haftungsfreizeichnung**, d. h. eine Vereinbarung, die die Prospekthaftung aus § 14 WpPG ausschließt, ist nicht zulässig und unwirksam (§ 16 Abs. 1 WpPG). Die **Verjährungsfrist** der Prospekthaftung aus § 14 WpPG beträgt drei Jahre (§ 195 BGB).

III. Bürgerlich-rechtliche Prospekthaftung für fehlerhafte Prospekte

Neben der spezialgesetzlichen Prospekthaftung kann ein **fehlerhafter Prospekt** weitere vertragliche oder deliktsrechtliche **Ansprüche für fehlerhafte Prospekte** berühren. **141**

In der Praxis relevant sind jene Fälle, **142**
- in denen ein Anlageberater auf Grundlage des fehlerhaften Prospekts eine **Anlageberatung** tätigt (siehe auch Rn. 112 ff., 109), und
- jene Fälle, in denen ein Anleger gegen einen Experten (z. B. Wirtschaftsprüfer, Steuerberater, Sachverständigen), der an der **Erstellung** eines fehlerhaften Prospekts beteiligt war, klagt.

Beruht der fehlerhafte Wertpapierprospekt auf **Gutachten** von Personen, die eine durch den Staat bestätigte **Sachkunde** aufweisen (z. B. vereidigte Sachverständige, Steuerberater, Wirtschaftsprüfer), kann der Anleger einen Schadenersatzanspruch gegenüber diesen aus einem **Vertrag mit Schutzwirkung zugunsten Dritter** i. V. m. §§ 311 Abs. 1, 280 Abs. 1 BGB besitzen. Dazu ist notwendig, dass **143**
- das Gutachten bezweckt, das **Vertrauen des Anlegers** zu steigern und für den Anleger eine Grundlage seiner Anlageentscheidung war,
- der Anleger **schutzbedürftig** ist, d. h. ihm kein gleichwertiger eigener Anspruch aus dem WpPG zusteht, und
- der Experte eine **Pflicht** i. S. d. § 280 Abs. 1 BGB **verletzt** hat.

Fallbeispiel: **144**
Hierzu siehe folgenden Fall (⚖ → BGH, Urt. v. 24.4.2014 – III ZR 156/13):

Zum Zweck der Ausgaben neuer Aktien legt die T-AG in 2007 einen Wertpapierprospekt auf. Dieser enthält Planungsrechnungen bis zum Jahr 2011 und Gewinnprognosen der T-AG (siehe: § 7 WpPG i. V. m. Art. 3 VO 809/2004, und deren Anhang I Nr. 13.02). Danach beauftragt die T-AG entsprechend den oben angegebenen Normen den Wirtschaftsprüfer W, mit der Prüfung der Rechnungslegungsgrundlagen. W attestiert der T-AG in seinem, im Prospekt veröffentlichten Prüfbericht, dass die Gewinnprognosen und -schätzungen in Übereinstimmung mit den angegebenen Grundlagen ordnungsgemäß aufgestellt worden seien und dass diese Grundlagen im Einklang mit den Rechnungslegungsstrategien der Ge-

sellschaft stünden. Hierbei übersieht er fahrlässig eine unrichtige Angabe in der Planungsrechnung der T-AG.
Der Anleger A hat, nach der Veröffentlichung des Prospekts, Aktien der T-AG im Wert von 9.000 € gekauft. Zu deren Übertragung kam es jedoch nicht, da die T-AG in Insolvenz fiel.

Ein Prospekthaftungsanspruch gegen die T-AG macht, wegen deren Insolvenz, wirtschaftlich keinen Sinn. Aus diesem Grund überlegt A, ob er seinen Schaden (9.000 €) von dem falsch-attestierenden Wirtschaftsprüfer W verlangen kann.

Ein Prospekthaftungsanspruch nach § 9 WpPG (wie er gegen die T-AG durchaus juristisch bestehen kann), scheidet gegen W aus. W hat weder die Verantwortung für den Prospekt nach § 9 Abs. 1 Nr. 1 WpPG übernommen noch geht von ihm der Erlass des Prospekts (§ 9 Abs. 1 Nr. 2 WpPG) aus. Damit fehlt es an der „Prospektverantwortlichkeit" des W.

Einen Schadenersatzanspruch des A gegen den Wirtschaftsprüfer W könnte sich aus der Anspruchsgrundlage § 280 BGB ergeben. W hat fahrlässig einen Fehler in dem Zahlenmaterial der T-AG übersehen und dann noch sein Unbedenklichkeits-Attest erstellt. Ein schuldhafter Pflichtverstoß i. S. d. § 280 BGB liegt damit vor.

Allerdings müsste zwischen A und W auch eine Pflicht aus einem Schuldverhältnis, die verletzt worden wäre, bestehen. Eine vertragliche Beziehung liegt nun nur zwischen W und der ihn beauftragenden T-AG vor. Dennoch kann eine schuldvertragliche Pflicht zwischen A und W bestehen, wenn der Vertrag T-AG/W Schutzwirkung zugunsten des A begründet. Die Rechtsprechung hat für diese Fälle das Institut des *Vertrags mit Schutzwirkungen zugunsten Dritter* (VSD) entwickelt. Dieser VSD bindet auch Dritte nach den Grundsätzen von Treu und Glauben (§ 242 BGB) und der Vertragsauslegung (§ 157 BGB) in den Schutz des Vertrags ein, wenn der Dritte eine Leistungsnähe a) zum Schuldner und b) zum Gläubiger besitzt, c) beide diese Nähe erkennen konnten und d) der Dritte ein echtes Schutzbedürfnis hat.

Ein Unbedenklichkeitszertifikat eines Wirtschaftsprüfers dient – insbesondere, wenn der Wertpapierprospekt auf ihn Rückgriff nimmt – der Erhöhung des Anlegervertrauens in die Seriosität des Emittenten bzw. in die des Wertpapiers selbst. Denn mit seinem Attest gibt der Wirtschaftsprüfer im Prospekt einem kaufinteressierten Publikum öffentlich zum Ausdruck, dass er die vom Emittenten angegebenen wirtschaftlichen Grundlagen des Wertpapiers sorgfältig geprüft und für zutreffend gefunden hat. Diese Angaben dienen nicht allein dem Emittenten, sondern gerade dem Anleger. Zum Schutz dessen berechtigten Vertrauens besitzt dieser eine besondere Leistungsnähe zum Schuldner (Wirtschaftsprüfer) bzw. zur Pflichterfüllung des zwischen dem Emittenten und dem Wirtschaftsprüfer geschlossenen „Bewertungsvertrags". Aufgrund der Vertrauensinteressen hat der Anleger ebenso wie der Gläubiger (Emittent) dasselbe Interesse an der Pflichterfüllung des Wirtschafsprüfers und damit auch die sog. „Gläubiger-Nähe". Sowohl dem Gläubiger (T-AG) als auch dem Schuldner (W) sind die eben genannten Anlegerinteressen bekannt. Der Anleger kann auch wegen der inhaltlich dogmatischen Verschiedenheit der Prospekthaftung zu dem vertraglichen Anspruch seine Interessen grundsätzlich nicht mit einem Prospekthaftungsanspruch durchsetzen. Damit besitzt er in diesen Fällen ein eigenes Rechtsschutzbedürfnis.

Nach alldem ist davon auszugehen, dass der zwischen dem Emittenten und dem Wirtschaftsprüfer geschlossene Vertrag den Schutz des Anlegers mit einschließt.
Eine Schutzpflicht zugunsten des Anlegers A liegt damit aus dem zwischen dem Emittenten (T-AG) und dem Wirtschaftsprüfer(W) geschlossenen *„Vertrag mit Schutzwirkung zugunsten Dritter"* vor, so dass auch diese Voraussetzung des § 280 BGB gegeben ist.
A hat somit gegen den Wirtschaftsprüfer W einen Schadenersatzanspruch i. H v. 9.000 €.

145 Fraglich ist darüber hinaus die **Verantwortung der BaFin** bei einem fehlerhaften Prospekt.

146 **Beispielfall Consilium Green Energy:**
Die *Consilium Green Energy GmbH* bietet in Deutschland Anlegern die Beteiligung an Unternehmen der Photovoltaik-Branche zum Kauf an (sog. **Direktinvestition**). Die BaFin gibt am 20. Juli 2021 eine **Meldung** heraus, nach der sie Anhaltspunkte dafür sieht, dass die Consilium Green Energy GmbH für diese Investmentmöglichkeit gegen die Prospektpflicht nach § 6 VermAnlG verstoßen haben könnte (siehe: https://www.bafin.de/SharedDocs/Veroeffentlichungen/DE/Verbrauchermitteilung/weitere/2021/meldung_210720_Consilium_Green_Energy.html <Stand: 8.2.2022>).

Offensichtlich geht die BaFin bei dem Vertragsangebot von einer Vermögensanlage für eine Direktinvestition i. S. d. § 1 Abs. 2 VermAnlG aus, der ein ihrerseits gebilligter Prospekt fehlt.

Anleger-Ansprüche gegen den Emittenten (*Consilium Green Energy*)?
Fraglich erscheint aber, ob die Anleger – aufgrund der Mitteilung der BaFin (§ 26 Abs. 2a; § 30 WpPG) – einen Anspruch gegenüber dem Emittenten nach § 21 VermAnlG (siehe auch §§ 14, 9, 10 WpPG, § 306 KAGB) haben.

 Ein solcher Schadenersatzanspruch ist bei Anlegern sehr beliebt. Denn er könnte das Risiko eines Wertverlustes minimieren.

Allerdings gibt die Meldung der BaFin vom 20. Juli 2021 (noch) keine Garantie dafür, dass die Voraussetzungen (Vermögensanlage + Pflichtverstoß des Emittenten) vorliegen. Dieses gibt erstens der **Wortlaut** der Meldung nicht her. Zudem sind, mit Ausnahme der Maßnahmen nach § 26 WpPG, auch gegen Meldungen der BaFin noch **Rechtsmittel** möglich.

Anleger-Ansprüche gegen die BaFin?
Ansprüche der BaFin, etwa nach § 839 BGB, wegen einer zögerlichen, ineffizienten Überprüfung der Voraussetzungen des § 21 VermAnlG kommen auch nicht in Betracht. Denn die BaFin arbeitet nach § 4 Abs. 4 Finanzdienstleistungsaufsichtsgesetz (FinDAG) ausschließlich im **öffentlichen Interesse** und nicht in dem des Anlegers.

Bis zu einer endgültigen und rechtskräftigen Entscheidung der BaFin kann der einzelne Anleger wegen der gesetzlichen Verschwiegenheitspflicht der BaFin (§ 27 WpPG) nicht einmal Einblick in ein laufendes Verwaltungsverfahren nehmen.

6. Kapitel Produktfreigabeverfahren (Product Governance)

147 Ein zentrales Instrument des Anlegerschutzes im Kapitalmarktrecht stellt das Produktfreigabeverfahren dar. Als Reaktion auf die Finanzmarktkrisen und die stark an Komplexität zunehmenden Finanzprodukte (z. B. Verbriefungen, Hebelprodukte) erließ der deutsche Gesetzgeber – in Umsetzung der MiFID II – am 3. Januar 2018 mit dem 2. FimaNoG erstmals Anforderungen an die institutsinterne Errichtung eines Produktfreigabeverfahrens (§ 63 Abs. 4 und Abs. 5, § 80 Abs. 9 WpHG). Mit der sog. **Product Governance** konzentriert sich der Anlegerschutz nicht mehr nur auf die Regulierung der Finanzdienstleistung und des Vertriebs, sondern nun auch auf das Produkt selber. Die inhaltliche Konkretisierung erfährt die Product Governance durch §§ 11, 12 WpDVerOV und BT 5 **MaComp** (*Krimphove*, Kommentar MaComp, 3. Aufl., 2021).

I. Produktfreigabeverfahren des Konzepteurs

148 Gemäß § 80 Abs. 9 WpHG müssen Wertpapierdienstleistungsunternehmen die Finanzprodukte konzipieren (sog. **Konzepteur**), jedes neu konzipierte Produkt vor dem Vertrieb einem ausführlichen, internen Analyseverfahren (sog. Produktfreigabeverfahren) unterziehen. In diesem Produktfreigabeverfahren hat der Konzepteur

- das Finanzprodukt auf mögliche **Interessenkonflikte** zwischen dem Konzepteur und dem Endkunden zu untersuchen (z. B. durch den Eigenhandel des Instituts) (§ 11 Abs. 3 WpDVerOV),
- die **Gebührenstruktur** des Finanzproduktes hinsichtlich der Interessen des Endkunden zu analysieren (§ 11 Abs. 11 WpDVerOV),
- eine **Risiko-Szenarioanalyse** durchzuführen mit dem Ziel, die Wirkungsweise des Produktes unter negativen Bedingungen zu ermitteln (§ 11 Abs. 9 WpDVerOV), und
- zu beurteilen, ob das Produkt das ordnungsgemäße Funktionieren oder die Stabilität der Finanzmärkte gefährdet (§ 11 Abs. 4 WpDVerOV).

149 Zentraler Bestandteil des Verfahrens ist zudem die Bestimmung des **Zielmarktes** des Produktes (sog. „abstrakter" Zielmarkt) (§ 11 Abs. 7 WpDVerOV). Mit der Bestimmung des Zielmarktes soll verhindert werden, dass das Produkt an ungeeignete Endkunden vertrieben wird.

> Zur Bestimmung des **„abstrakten"** Zielmarktes hat der Konzepteur für das Produkt folgende fünf Zielmarktkategorien (BT 5.2.1 Tz. 6 MaComp) festzulegen:
> - Kundenkategorie (Privatkunde, professioneller Kunde, geeignete Gegenparteien),
> - Kenntnisse und Erfahrungen,
> - finanzielle Situation mit Fokus auf die Verlusttragfähigkeit (Verluste in geringem Umfang, Totalverlust),
> - Risikotoleranz,
> - Ziele und Bedürfnisse.

150 Die Erkenntnisse über den Zielmarkt, geeignete Vertriebskanäle und das durchgeführte Produktfreigabeverfahren hat der Konzepteur an das Vertriebsunternehmen weiterzugeben, das das Produkt vertreibt (§ 11 Abs. 12 WpDVerOV).

151 Nach der Konzeption des Produktes hat der Konzepteur die Pflicht zur **fortlaufenden Überwachung** des Produktes (§ 80 Abs. 9 WpHG; § 11 Abs. 13 WpDVerOV). Der Konzepteur muss das Produkt regelmäßig dahingehend überprüfen, ob es – insbesondere bei sich ändernden Umweltbedingungen – weiterhin den bei der Konzeption ausgegebenen Bedürfnissen der Kunden entspricht (§ 80 Abs. 9 WpHG; § 11 Abs. 13 WpDVerOV). Dieser fortlaufende Überwachungsprozess soll gewährleisten, dass der Konzepteur bei sich ändernden Rahmenbedingungen im Sinne des Kunden reagieren kann (z. B. Anpassung der Vertriebsstrategie, Information der Vertriebsunternehmen oder evtl. Änderung des Produktes) (§ 11 Abs. 16 WpDVerOV).

152 Unterhält der Konzepteur ein Produktfreigabeverfahren nicht oder nicht in der vorgeschriebenen Weise, unterliegt er den **Bußgeldvorschriften** des § 120 Abs. 8 Nr. 6 WpHG.

II. Produktfreigabeverfahren des Vertriebs

Auch Wertpapierinstitute, die das Finanzprodukt nicht konzipiert haben, aber vertreiben, müssen ein Produktfreigabeverfahren einrichten (§ 64 Abs. 5 WpHG, § 12 WpDVerOV). Das Produktfreigabeverfahren bezweckt zu analysieren, ob das Produkt für die Produktpalette des **Vertriebsinstituts** geeignet ist (§ 12 Abs. 4 WpDVerOV). Dies umfasst die Analyse von Interessenkonflikten ebenso wie den Abgleich des Produktes mit den Anforderungen des eigenen Kundenkreises. Das Vertriebsinstitut hat den „abstrakten" Zielmarkt des Konzepteurs auf seine Kunden zu konkretisieren (sog „**konkreter**" **Zielmarkt**) (§ 12 Abs. 3 WpDVerOV, BT 5.3.1 Tz. 1 MaComp) und seine Vertriebsstrategie auf den Zielmarkt abzustimmen (§ 12 Abs. 4 WpDVerOV).

153

Den „**konkreten**" **Zielmarkt** hat das Vertriebsinstitut auf folgenden Grundlagen zu bestimmen (BT 5.3.3 Tz. 1 MaComp):
- Informationen des Vertriebsinstituts über seine Kunden,
- vom Konzepteur mitgeteilte bzw. selbst beschaffte Informationen über das Produkt,
- Wertpapierdienstleistung bzw. Wertpapiernebendienstleistung, mit der das Produkt vertrieben wird.

Vertreibt das Vertriebsinstitut das Produkt außerhalb des Zielmarktes, bedarf dieses einer dokumentierten Begründung (BT 5.3.6 Tz. 1 MaComp). Ferner ist der Konzepteur über den Verkauf zu informieren (§ 12 Abs. 9 WpDVerOV).

154

7. Kapitel Die Anlageberatung

155 Seit Jahren nimmt die Anlageberatung einen großen Raum im Kapitalmarktrecht ein. War sie zunächst geprägt von der Rechtsprechung deutscher Obergerichte, so ergänzen nun europarechtliche Vorgaben, insbesondere die der VO 2017/565 und der Rl 2014/65 (MiFID), die Anforderungen, die an eine (moderne) Anlageberatung (europaweit) zu stellen sind (*Krimphove*, Soergel: BGB-Kommentar, Bd. 27/1, IPR, 2019, IntKapMR, Rn. 501). Im Vordergrund steht hierbei der Schutz des Anlegers, insbesondere vor **Falschberatung**.

Die Anlageberatung zählt auch deswegen zu den prüfungstechnischen Kerngebieten des Kapitalmarktrechts, da in dieses Rechtsgebiet Teile der Prospekthaftung, des Investment- und Vermögensanlagerechts, aber auch des Sonderrechts eines jeden einzelnen Anlageproduktes (Fonds, Zertifikat, Schuldverschreibung etc.) sowie die Grundsätze des Schuld- bzw. Schadensrechts des BGB (§§ 280, 823 BGB) einfließen.

156 Trotz umfassender nationaler und europarechtlicher Regelung gelten immer noch – insbesondere zur Begründung eines individuellen Anspruchs des Anlegers – die **Grundsätze der Rechtsprechung**.

I. Wirtschaftliche Hintergründe der Anlageberatung und Anlageberatungshaftung

157 Anlässlich der „Banken-Krisen" (s. o. Vorwort), von denen unzählige Kunden gerade auch aus dem Segment der klein und mittelständischen Unternehmen betroffen sind, stellt sich die Frage, inwieweit Banken, Finanzdienstleister und Anlageberater ihren Pflichten nach Information, Aufklärung und Beratung ordnungsgemäß nachgekommen sind; insbesondere welchen finanziellen Ausgleich ein Kunde im Fall der Verletzung dieser Pflichten erwarten darf. Dabei bezieht sich die Problematik nicht nur auf die Beratung im Umgang mit Kapitalanlagen. Vielmehr ergibt sich die Frage nach einer ordnungsgemäßen **Kundenberatung** und nach der Rechtsfolge fehlerhafter Beratung bei jedem "alltäglichen" Bankgeschäft; sei es die Kontoeröffnung, sei es die Gewährung eines Kredits seitens der Bank oder die Verabredung einer Einzugsermächtigung oder der Kontoregulierung mittels eines Kontokorrents oder eines Lastschriftverfahrens.

II. Haftungsregelungen bei Beratungsverschulden

Eine Haftung der Finanzdienstleister bzw. des Anlageberaters tritt nur ein, wenn das Gesetz ausdrücklich hierfür eine Anspruchsgrundlage vorsieht. Im Falle des Anlageberatungsrechts hat die Rechtsprechung ein eigenes Haftungssystem mit sehr spezifischen Haftungsanforderungen entwickelt. Als **vertragliche Haftungstatbestände** kommen in Betracht: **158**

1. Haftung bei der schuldhaften Verletzung der Aufklärung als Nebenpflicht. Auskunfts- und Beratungspflichten können sich als eine Nebenpflicht aus einem Bankvertrag ergeben. Dies ist dann der Fall, wenn die vertragliche Beziehung zwischen Finanzdienstleister und Kunden (Bankvertrag) nicht ohne die Information des Kunden sinnvoll durchgeführt werden kann (schon RG JW 1911, 809; *Rollinger*, 1990, S. 26). Als Bankvertrag kommt grundsätzlich jedes Anlagegeschäft, insbesondere das Anlagenerwerbsgeschäft, in Betracht. **159**

2. Haftung bei schuldhafter Pflichtverletzung des Beratungsvertrags. In der Praxis der Anlageberatung ist häufig ein selbstständiger Beratungsvertrag die Grundlage zivilrechtlicher Haftung des Finanzdienstleisters. Bei einem Beratungsvertrag verpflichtet sich nämlich der Berater zur Auskunftserteilung und Beratung. Die Rechtsprechung ist sehr großzügig in der Annahme eines Beratungsvertrags (BGHZ 74, 103; BGH WM 1979, 548; BGH WM 1982, 1201; BGH WM 1985, 381): **160**
- Die Vereinbarung über ein vom Beratungsempfänger zu zahlendes Entgelt ist nicht Voraussetzung des Zustandekommens des Beratungsvertrags (BGH ZIP 1983, 433; BGH ZIP 1984, 1080; BGH ZIP 1985, 450).
- Der Abschluss eines Beratungsvertrags ist zudem grundsätzlich formfrei.

7. Kapitel Die Anlageberatung

> Nach der Rechtsprechung kommt ein Beratungsvertrag inhaltlich bereits dann zustande,
> - *wenn die Auskunft für den Kunden offensichtlich von* **erheblicher Bedeutung** *ist und der Kunde sie zur Grundlage seiner* **Vermögensdisposition** *machen will.*
> - Ferner nimmt die Rechtsprechung einen Beratungsvertrag schon dadurch an, *dass sich der Beratende (der beratende Finanzdienstleister) als sachkundig bezeichnet oder ein eigenes, wirtschaftliches Interesse verfolgt.*

161 Bereits nach diesen Grundsätzen tritt eine Haftung des Beraters in der Praxis sehr rasch ein.

162 3. **Haftung bereits im vorvertraglichen Beratungsverhältnis.** Die Haftung des Finanzdienstleisters greift sogar bereits dann ein, wenn der Bank- bzw. der Beratungsvertrag noch nicht zustande gekommen ist. § 311 Abs. 2 BGB schützt den Kunden auch im „vorvertraglichen" Stadium der Geschäftsanbahnung bzw. der Aufnahme von Vertragsverhandlungen oder jene Geschäftskontakte, die den Abschluss eines Vertrags vorbereiten (vgl. BGH ZIP 1989, 558).

163 4. **Die außervertraglichen oder gesetzlichen Schadenersatzansprüche.** Neben der vertraglichen Haftung ergeben sich im Einzelfall noch Schadenersatzpflichten gegen den beratenden Finanzdienstleister, wenn dieser eine unerlaubte Handlung begeht. Hier kommen folgende Tatbestände in Betracht: Betrug (§ 263 Strafgesetzbuch – StGB), Kapitalanlagebetrug (§ 264a StGB), Verleitung zu Börsenspekulationsgeschäften (§ 26 BörsG), Untreue (§ 266 StGB i. V. m. § 823 Abs. 2 BGB) etc.

III. Inhalt und Umfang der Beratungspflicht

164 Entscheidend für die Frage, ob dem Kunden ein Schadenersatzanspruch zusteht, ist die Feststellung, was die von dem beratenden Finanzdienstleister zu erfüllenden Anforderungen hinsichtlich einer ordnungsgemäßen Anlageberatung sind bzw. in welchem Maße der Finanzdienstleister den Kunden individuell zu beraten hat.

III. Inhalt und Umfang der Beratungspflicht

> Dies hängt entscheidend von zwei Faktoren ab (BGH NJW-RR 1986, 205 ff., 206):
> 1. der **Beratungsbedürftigkeit** des Kunden und
> 2. der **Art des Geschäfts**, seiner **Gefährlichkeit** und **Komplexität**.

Tab. 12: Die wichtigsten Pflichten der Anlageberatung (siehe 📥 → Anhang 13)

	Pflicht	Norm des WpHG
1.	Zurverfügungstellung eines Produktinformationsblattes (vor Gesch.-Abschluss)	§ 63 Abs. 7 Satz 3 (§ 63 Abs. 7 Satz 9 und § 64 Abs. 2 Nr. 9 i. V. m. § 7 Abs. 1 des Altersvorsorgeverträge-Zertifizierungsgesetzes)
2.	bzw bei sog Graumarktprodukten (i. S. d. § 1 Abs. 2 VermAnlG) – Vermögensanlage-Informationsblatt	§ 64 Abs. 2 Nr. 8 i. V. m. § 13 VermAnlG
3.	Einschätzung der Kunden, seiner Kenntnisse im Umgang mit Finanztiteln, Risikobereitschaft etc.	§ 63 Abs. 10 (§ 63 Abs. 5)
4.	Qualifizierte, sachkundige Beratung	§ 63 Abs. 1 i. V. m. §§ 1 ff. Verordnung über den Einsatz von Mitarbeitern in der Anlageberatung, als Vertriebsbeauftragte oder als Compliance-Beauftragte und über ihre Anzeigepflicht nach § 87d WpHG (WpHG-Mitarbeiteranzeigeverordnung – WpHGMaAnzV)
5.	Einsatz v. sachkundigen Mitarbeitern	§ 87 Abs. 1 i. V. m. §§ 1 ff. WpHGMaAnzV
6.	Vermeidung u. Anzeige v. Interessenkonflikten	§ 63 Abs. 2; auch (bis 2.1.2018): § 5 Verordnung über die Analyse von Finanzinstrumenten (Finanzanalyseverordnung – FinAnV)
7.	Redliche, vollständige, verständliche u. angemessene Information; die Art und Weise der Information	§ 63 Abs. 1 und Abs. 6 auch (bis 2.1.2018): § 4 FinAnV
8.	Bestmögl. Ausführung v. Kundenaufträgen (Best Execution-Prinzip)	§§ 82, 69 WpHG
9.	Sorgfältige, fachgerechte Finanzanalyse	VO 2017/565 Art 29 auch (bis 2.1.2018): § 3 FinAnV
10.	Aufzeichnung zur Kontrolle der Pflichtenerfüllung	§ 83 WpHG

165 Zahlreiche Wohlverhaltenspflichten des WpHG enthalten auch **Informationspflichten** gegenüber dem Anleger. Hierunter zählt insbesondere:
- das Zugänglichmachen aller relevanten redlichen, eindeutigen und korrekten Informationen und die besondere Kennzeichnung von Werbemitteilungen (§ 63 Abs. 6 und Abs. 7 Abs. 2 WpHG, § 63 Abs. 3 Satz 2 WpHG),
- die Bereitstellung von verständlichen, vollständigen und rechtzeitigen Informationen für die Entscheidungsgrundlage des Anlegers (§ 63 Abs. 2 und 6),
- das Zurverfügungstellen eines kurzen, leicht verständlichen Informationsblattes über das Finanzinstrument (§ 63 Abs. 7; § 64 Abs. 2 und § 64 Abs. 2 Nr. 8 i. V. m. § 13 VermAnlG; § 63 Abs. 7 Satz 9 und § 64 Abs. 2 Nr. 9 i. V. m. § 7 Abs. 1 des Altersvorsorgeverträge-Zertifizierungsgesetzes),
- das Einholen von Informationen über den Kunden (know your customer) § 63 Abs. 10 (§ 63 Abs. 5),
- die Abgabe einer kundenadäquaten Empfehlung (§ 63 Abs. 4) und
- die Unterrichtung über den Vollzug des Anlagegeschäfts (§ 63 Abs. 12).

166 **1. Die Informationsbedürftigkeit des Anlegers.** Ein unkundiger Kunde ist *aufklärungsbedürftig* und benötigt weit mehr Aufklärung als ein im Anlagegeschäft Erfahrener (BGH NJW 1982, 2816; NJW 1994, 1330, 1332). Unerfahrene Kunden sind auf die Erfahrung und das Wissen des Anlageberaters/Anlagevermittlers angewiesen, um eine sachgerechte Anlageentscheidung treffen zu können (BGH NJW 1991, 1108 [Penny Stocks]; BGH NJW 1981, 1440 [Warenterminoptionen]). Dazu müssen sie die Eigenschaften und die Risiken des betreffenden Anlagegeschäfts kennen (siehe OLG Braunschweig WM 1994, 59, 61; BGH ZIP 1992, 314 ff.).

> Die Aufklärungsbedürftigkeit muss nach bestimmten Personengruppen differenziert werden. Die Grenzlinie verläuft zwischen dem aufklärungs- und informationsbedürftigen Kunden einerseits und dem aufgeklärten oder kundigen Partner andererseits.

167 Zur Beurteilung der Frage, welcher Gruppe (aufklärungsbedürftig bzw. nichtaufklärungsbedürftig) der Kunde zuzurechnen ist, sind folgende Kriterien heranzuziehen:
- Bildungsstand und sozialer Hintergrund des Anlegers (BGH NJW 1993, 2433),
- persönliches Fachwissen,
- Alter,
- Anlageerfahrung des Kunden,

III. Inhalt und Umfang der Beratungspflicht

- Informationsstand über das betreffende Anlagegeschäft,
- einschlägige Geschäftserfahrung,
- Vermögenslage, Risikogeneigtheit des Anlegers (OLG Braunschweig WM 1994, 59, 61 zu einer Polly-Peck-Anleihe).

Eine wesentliche Rolle spielt weiterhin, ob der Kunde bereits eine konkrete, gefestigte Vorstellung besitzt, sich unentschlossen und für Rat und Auskunft empfänglich zeigt bzw. diesen ausdrücklich erbittet oder auf eine Beratung ausdrücklich verzichtet (dazu siehe Rn. 188). Maßgebend sind nun aber nicht etwa einzelne Faktoren oder herausgegriffene, isolierte Komponenten der Aufklärungsbedürftigkeit, sondern immer die Gesamtwürdigung der Umstände des Einzelfalles (BGH ZIP 1992, 314 ff.). **168**

Beispiele für geringe oder fehlende Aufklärungsbedürftigkeit:
- Kunden, die mit den Eigenschaften und Risiken des Geschäfts bereits voll vertraut sind, werden folgerichtig als nicht-aufklärungsbedürftig erachtet (BGH WM 1994, 223 = NJW 1995, 321).
- Bei Kunden, die auf Seiten der Prospektherausgabe mitgewirkt haben, setzt die Rechtsprechung die Vertrautheit mit den Gegebenheiten des Anlageobjektes voraus (OLG Düsseldorf WM 1990, 1959).
- Kunden, die sich gegenüber dem Finanzdienstleister als Branchenkenner und Kenner der Anlage ausgeben, verwirken ihren Anspruch auf eine intensive Beratung (BGH WM 1980, 284; OLG Düsseldorf WM 1990, 1959; OLG Köln WM 1995, 697).

Bei **anlageunerfahrenen Kunden** muss regelmäßig eine Aufklärungsbedürftigkeit vorausgesetzt werden (BGHZ 123, 126 [Bond]). „Anlageunerfahren" bedeutet aber auch, dass ein – in klassischen Anlagegeschäften – erfahrener Anleger deshalb bei weitem noch nicht über die Zusatzrisiken von Optionsscheinen, Inhaberschuldverschreibungen mit Tilgungswahlrechten des Emittenten, Doppelwährungsanleihen, Penny Stocks oder Termingeschäften etc. Kenntnis haben muss. **169**

Bei Geschäften mit erhöhten und nicht als bekannt voraussetzbaren Risiken sind daher die Anforderungen an Aufklärungs-, Beratungs- und Warnpflichten entsprechend höher anzusetzen (*Krimphove*, Anlageberatung, S. 11 m. w. N.). Gleiches betrifft die genannten und andere Finanzinnovationen, deren Eigenschaften noch kein Allgemeingut breiter Anlegerkreise sind (BGH NJW 1991, 832).

170 Entscheidend sind immer die Umstände des Einzelfalles (OLG Frankfurt WM 1980, 95).

Beispiele bestehender Beratungsbedürftigkeit:
- So können auch Kaufleute im Sinne des HGB im Einzelfall aufklärungsbedürftig sein. Dies ist u. a. dann der Fall, wenn das vorzunehmende Geschäft aus dem Rahmen ihrer üblichen Geschäftstätigkeit fällt (BGH NJW 1981, 1440; BGH NJW 1982, 41).
- Gleiches gilt, wenn der Kunde durch entsprechende Fragen zu erkennen gibt, dass er mit dem Geschäftsvorgang nicht ausreichend vertraut ist und eine diesbezügliche Beratung wünscht (BGHZ 70, 356).
- Ein im Anlagegeschäft unerfahrener Vollkaufmann ist aufzuklären, wenn ihm die Anlagekenntnis fehlt und jene nicht zu seiner üblichen Branchen- und Geschäftskenntnis gehört (BGH WM 1981, 552 = NJW 1981, 1440 für Warenterminoptionen).
- Gleiches gilt für im Anlagegeschäft unerfahrene Versicherungsvertreter (BGH WM 1991, 127, 129 f.).
- Eine Beratungspflicht selbst gegenüber einem Vollkaufmann besteht insbesondere, wenn sich das Anlagegeschäft als überaus komplex darstellt. Dies kann insbesondere bei Waren- oder Börsentermingeschäften oder bei neuen, unbekannten Produkten, wie etwa den derzeit zahlreich auftretenden unterschiedlichen Zertifikaten, der Fall sein (dazu siehe: *Krimphove/Monnet*, Zertifikaethandel in Deutschland, in: Finanz-Betrieb 2006, 255 ff. m. w. H.).

171 2. Die Ermittlung des Aufklärungsbedarfs („know your customer"). Um seine Pflicht zur ordnungsgemäßen Kundenaufklärung i. o. S. ordnungsgemäß durchführen zu können, muss der Berater notwendigerweise seinen Kunden und dessen Wissensstand erst kennen. Denn der Umfang und der Inhalt der Beratungspflicht bemessen sich nach dem individuellen Aufklärungsbedarf des Kunden.

Es gilt der aus dem US-amerikanischen Recht bekannte Grundsatz: *„know your customer"*. Diesen Grundsatz hat die deutsche Rechtsprechung übernommen (BGH NJW-RR 1992, 531).

III. Inhalt und Umfang der Beratungspflicht

Die Rechtsprechung misst dem Erfordernis der Kundenkenntnis so viel Bedeutung zu, dass allein das Fehlen der Ermittlung des Kenntnisstandes des Kunden einen Schadenersatzanspruch auslöst (BGH WM 1980, 284; OLG Düsseldorf ZIP 1990, 1396; BGHZ 70, 356). In der Praxis führt allerdings die Fehleinschätzung des konkreten Aufklärungsbedarfs des Kunden zu Haftungsansprüchen.

172

Die Finanzdienstleister kommen ihrer Pflicht zur Ermittlung des Wissensstandes des Anlegers dadurch nach, dass sie im Kundengespräch eingehend insbesondere die Finanzlage, die Erfahrungen, den Kenntnisstand und die Risikobereitschaft des Kunden nach einem entwickelten Kundenerfassungsbogen abfragen (Einzelheiten zu diesem Fragebogen und zum Grundsatz „know your customer" siehe: *Krimphove/Regel*, Erfolgreiche Anlageberatung, S. 16 ff. m. w. H.).

„know your customer"-Checkliste zur Kundeneinschätzung:

1. Angaben zur Person des Kunden
   - Alter,
   - Familienstand,
   - Kinder,
   - schulische und berufliche Bildung,
   - persönliche Laufbahn,
   - Berufsstatus,
   - rechtlich eingeschränkte Geschäftsabschlussmöglichkeit (Betreuer);
2. Angaben zur Vermögenssituation des Kunden
   - verfügbares Einkommen,
   - monatliches Netto-Einkommen,
   - monatliche sonstige Einkünfte (mit oder ohne Kapitalerträge),
   - aktuelle Liquidität des Kunden,
   - bestehendes Vermögen (z. B.: Einlagen, Renten [in Euro oder Fremdwährung]); Aktien [Inland/Ausland]; sonstige Beteiligungen an Unternehmen; Immobilienfonds; sonstige Fondsanteile [unterschieden nach offenen oder geschlossenen Fonds]; Bausparverträge; Lebensversicherung [Rückkaufswert]; andere Wertpapiere; Sachvermögen),
   - Schulden,
   - deren Absicherung durch Hypothek und/oder Grundschuld,
   - Rangstelle in Grundbuch der Hypothek und/oder Grundschuld;

3. Steuerliche Situation des Kunden
   - einzuhaltende Spekulationsfristen,
   - ggf. Freistellungsanträge (bei welchem Institut),
   - Möglichkeit weiterer steuerbegünstigter Anlagen;
4. Von Kunden verfolgte Anlageziele
   - Altersversorgung,
   - regelmäßige Zinseinkünfte,
   - Gewinnmitnahmen,
   - Vermögensaufbau;
5. Anlagewunsch des Kunden
   - Zeithorizont der Anlage (kurzfristig = < 1 Jahr); (mittelfristig = 1 – 5 Jahre); (langfristig = > 5 Jahre),
   - Interesse an Gewinnen aus Erträgen/Dividenden oder an Kursgewinnen;
6. Anlageschwerpunkt
   - Einzelprodukte z. B.:
     - Aktien,
     - Renten,
     - Fonds,
     - Spareinlagen,
     - u. a.
   - verfolgte Kombinationsstrategien;
7. Anlageverhalten des Kunden
   - konservativ (risikoavers),
   - risikobewusst,
   - spekulativ,
   - risikofreudig;
8. Anlagekenntnisse des Kunden, z. B.
   - Bundesschatzbriefe, Bundesanleihen, Geldmarktfonds; Festgeldkonten, Spareinlagen,
   - Bausparverträge, Lebensversicherung, Inhaberschaft von Hypotheken und/oder Grundschulden,
   - Anleihen Privater (Banken, Sparkassen), Beteiligungen an Unternehmen, Auslandsanleihen, offene Immobilienfonds, Wertpapiere (Wechsel/Scheck),
   - Währungs-Anleihen (Fremddevisen/Euro) Renten-, Garantiefonds,

- Gemischte Fonds, Wandel-Optionsanleihen,
- Aktien, Aktienfonds,
- Börsentermingeschäfte (Futures, Optionen);
9. Anlageerfahrungen des Kunden
   - Erfahrung mit Produkt (A)
     - seit wann,
     - Häufigkeit der Anlage in den letzten 5 Jahren
   - Erfahrung mit Produkt (B)
     - seit wann,
     - Häufigkeit der Anlage in den letzten 5 Jahren
   - Erfahrung mit Produkt (n)
     - seit wann,
     - Häufigkeit der Anlage in den letzten 5 Jahren;
10. Geschäftliche persönliche Erfahrungen des Kunden z. B.
    - Konkursverfahren: wann/welcher Ausgang,
    - Kunde = Vermieter, Prokurist, ehrenamtlicher Richter u. a.;
11. Bislang erteilte Information, Beratung und Aufklärung
    - welche?
    - wann?

Einzelheiten zur Anlageberatung siehe ⌂ → Anhang 14 Gemeinsames Informationsblatt Anlageberatung. **173**

3. Der Gegenstand des Anlagegeschäfts als Maßstab des Umfangs der Kundeninformation. Die Intensität der Beratungs- und Aufklärungspflicht richtet sich – neben dem jeweiligen Wissensstand des Anlegers – auch nach den Eigenheiten der jeweiligen Anlagearten selbst, deren typischen Gefahren und der Komplexität (OLG Celle WM 1988, 1329; OLG Frankfurt WM 1980, 95). Das grundsätzliche Ziel der Kundeninformation ist es nämlich, den Kunden vor Schäden zu schützen, die er beim Abschluss risikoreicher Geschäfte erleidet und die er aus Unerfahrenheit selbst nicht oder nicht vollständig überschauen kann (BGH NJW 1994, 997; BGH ZIP 1989, 558; BGH WM 1988, 41). **174**

Die Beratungspflicht ist also die Pflicht, den Kunden über alle erkennbar entscheidungserheblichen Umstände umfassend zu informieren (BGH WM 1987, 1329 ff., 1331), um ihm so die Möglichkeit zu eröffnen, die Risiken des Geschäfts selbst einzuschätzen (BGHZ 80, 80; BGH WM 1987, 531). Dabei sind die Finanzdienstleister im Rahmen der Vermittlung von Kapitalanlagen zur inhaltlich richtigen und vollständigen Information über alle tatsächlichen **175**

Umstände verpflichtet, die für den Interessenten als Grundlage seiner Kapitalanlageentscheidung von besonderer Bedeutung sind (BGH ZIP 1988, 1464; BGH NJW 1982, 1095; BGHZ 74, 103; OLG Oldenburg WM 1987, 169).

176 **a) Aufklärungspflichten bei „gewöhnlichen" Finanzgeschäften.** Die Anforderungen an das Aufklärungs- und Beratungsgespräch der Banken im Rahmen allgemeiner Bankgeschäfte (Zahlungsanweisung/Lastschriftverfahren, finanzierter Abzahlungsverkauf, Scheck- und Wechselgeschäfte etc.) sind sehr strikt *(Krimphove*, Anlageberatung, S. 16 ff.).

- Beispielsweise muss der Finanzdienstleister einen Kreditnehmer auf die Nachteile und Risiken einer **außergewöhnlichen Kreditart** (hier Idealkredit) aufmerksam machen (BGH WM 1991, 179 ff., 181).
- Bei **Umschuldung** des Kunden hat der Finanzdienstleister – auch entgegen seiner eigenen Interessenlage – den Kunden auf eine ggf. bestehende Unwirtschaftlichkeit der Umschuldung hinzuweisen (BGH WM 1988, 189 ff.; OLG Hamm ZIP 1983, 552 f., 553; OLG Düsseldorf WM 1988, 1690).
- Geht der Kunde einen sog. „**finanzierten Abzahlungskauf**" ein, bei dem der Finanzdienstleister den Kaufpreis als ein Darlehen des Kunden an den Verkäufer auszahlt, muss der finanzierende Finanzdienstleister (i. d. R. eine Bank) den Kunden ausdrücklich auf dessen Risiko hinweisen, das von ihr an den Verkäufer ausgezahlte Geld – trotz Probleme bei der Kaufvertragserfüllung (mangelhafte Ware etc.) – an den Finanzdienstleister zurückzahlen zu müssen (BGHZ 2, 33 ff., 243 ff., 295 ff.).
- Den Finanzdienstleister trifft sogar die Pflicht, bei Kenntnis der unmittelbar bevorstehenden **Insolvenz des Zahlungsempfängers** seinen Kunden hierüber zu informieren. Er darf den Zahlungsauftrag des Kunden erst nach entsprechender Rücksprache mit dem Kunden ausführen.
- Eine Auskunftspflicht trifft die Finanzdienstleister sogar im Rahmen von so alltäglichen und so einfach abzuwickelnden Geschäften wie der **Eröffnung eines Sparkontos durch ein Sparbuch**. Hier hat der Finanzdienstleister nicht nur die Pflicht, seinen Kunden darauf hinzuweisen, dass er mit befreiender Wirkung grundsätzlich an jeden Inhaber des Sparbuchs zahlen darf (§ 808 Abs. 1 BGB). Der Finanzdienstleister muss zudem deutlich und ausdrücklich darauf verweisen, dass das Sparbuch bzw. der ihm zugrundeliegende Sparvertrag eine bestimmte Kündigungsfrist hat, bei deren Unterschreiten der Kündigende Abschlagszinsen hinzunehmen hat.

177 Das Fehlen eines Hinweises auf die abzuziehenden Zinsen im Fall der vorzeitigen Kündigung löst einen Schadenersatzanspruch aus. Dieser ist nicht sogleich in Geld abzugleichen. Der schadenersatzrechtliche Grundsatz der

III. Inhalt und Umfang der Beratungspflicht

Naturalrestitution nach § 249 Abs. 1 BGB fordert von Finanzdienstleistern, den geschädigten Anleger so zu stellen, wie der ohne den Beratungsfehler stünde. Erst wenn dies nicht möglich ist, entsteht ein Schadenersatzanspruch in Geld. Dies bedeutet für den Fall einer Nichtaufklärung über Abschlagszinsen, den Kunden den Zinsabzug zu erlassen. Das Aufklärungsverschulden bewirkt daher die Streichung aller Restriktionen, über die der Kunde ordnungsgemäß aufzuklären war.

Zu der Aufklärungspflicht zählt nicht nur die Bekanntgabe von Tatsachen. Die Aufklärungspflicht schließt ebenfalls die fachgerechte Bewertung dieser Tatsachen sowie die Mitteilung der aus ihnen zu ziehenden **Schlussfolgerungen** ein (OLG Karlsruhe WM 1988, 411, 412).

Das bloße Überlassen schriftlichen Informationsmaterials an den Kunden genügt daher zur Erfüllung ihrer Pflicht nicht. Finanzdienstleister sind vielmehr zu einer **verständlichen Erörterung** dieser Unterlagen verpflichtet. Hieraus ergibt sich die Pflicht, alle im Prospekt und dem sonstigen Werbematerial enthaltenen Widersprüche dem Kunden zu erläutern (BGH ZIP 1983, 433). **178**

b) Spekulationsgeschäfte. Gegenüber den Aufklärungspflichten bei den eben geschilderten Geschäften ergeben sich für den Inhalt und Umfang von Auskunftspflichten von Anlagegeschäften im Spekulationsbereich Besonderheiten: Spekulationsgeschäften, insbesondere Devisen- und Termingeschäften, insbesondere Geschäften in Zertifikaten, ist zu eigen, dass sie ein hohes – kaum vom Kunden oder seinem Finanzdienstleister zu steuerndes und nur schwer zu prognostizierendes – Risiko für den Kunden beinhalten. Dieser Umstand ist auch dem ratsuchenden Kunden bekannt. Die Anforderungen an die Beratung hinsichtlich der *Prognose der Entwicklung von Gewinnchancen* der spekulativen Anlage sind daher gering anzusetzen (OLG-Frankfurt WM 1995, 245 ff., 247). Anderenfalls wäre der beratende Finanzdienstleister im Rahmen der Beratung von Anlagegeschäften zu hohen und für ihn kaum übersehbaren Risiken ausgesetzt. **179**

Diesem Umstand hat die Rechtsprechung Rechnung getragen (BGH WM 1985, 81; BGH WM 1987, 531; OLG Köln WM 1989, 402; OLG Karlsruhe WM 1988, 411). Sie hat die hohen Anforderungen, wie sie an die Beratungs- und Informationspflicht allgemeiner Geschäfte zu stellen waren, für Spekulationsgeschäfte stark herabgesetzt. Zutreffend formuliert der Bundesgerichtshof (BGH WM 1987, 531): **180**

„Eine Haftung kann sinnvollerweise nur für die Richtigkeit und Vollständigkeit der Informationen und allenfalls für deren sorgfältige Auswertung gegeben sein, nicht aber dafür, ob eine etwa gegebene Anlageempfehlung sich im Nachhinein als richtig oder nicht richtig herausgestellt, oder dafür, dass eine bestimmte Anlageempfehlung nicht gegeben wurde."

Dies bedeutet: Für Ratschläge und Prognosen über die Gewinnentwicklung der Anlage – sofern die Information fachgerecht ermittelt und mitgeteilt wurde – haftet der Anlageberater nicht (BGH WM 1971, 987).

181 c) **Fachgerechte Ermittlung und Auswertung der Informationen.** Die Ermittlung und die Auswertung der Informationen, auf die der Anlageberater seine Beratung stützt, müssen fachgerecht sein. Dazu muss der Anlageberater
- über ausreichendes Wissen und aktuelle Fachkenntnisse hinsichtlich des Produktes sowie der Ermittlung und Einschätzung von Risiken verfügen,
- stets auf dem neuesten Stand der Entwicklung sein und
- sich dazu aller zugänglichen Medien bedienen.

Es reicht dabei nicht aus, dass sich der Anlageberater lediglich einen groben Überblick über das Geschehen am Kapitalmarkt verschafft (auch: BGH WM 82, 90 ff.; BGHZ 74, 103, 111).

Von dem anlageberatenden Finanzdienstleister verlangt die Rechtsprechung sogar die eigene Bonitätsprüfung des Emittenten (BGH NJW 1993, 2433 – sog. Bond-Urteil).

182 Um seiner Ermittlungspflicht zu genügen, darf der Berater sich nicht ausschließlich auf Jahresabschlüsse und Börsenzulassungsprospekte verlassen. Denn diese gewähren keine aktuelle Information hinsichtlich der Bonität (BGH NJW 1993, 2433).

183 Ebenfalls genügt nicht, dass er sich ausschließlich mittels „unspezifischer Quellen" – z. B. Blick in die Tageszeitung – informiert, wobei die in- und ausländische Wirtschaftspresse eine wichtige Informationsquelle ist. Die erforderlichen Fertigkeiten erwirbt der Anlageberater insbesondere durch entsprechende Aus- und Weiterbildung, Anlageberatungs-Seminare, kontinuierliche Beobachtung des Marktes sowie durch ständige Lektüre von Fachzeitschriften, Börsenbriefen und Wertpapieranalysen. Der Berater muss alle ihm zur Verfügung stehenden, **fachbezogenen Quellen** ausschöpfen, bis er sich ein fundiertes, zuverlässiges Bild von der Anlage, ihren Risiken und dem allgemeinen Marktgeschehen verschafft hat (BGH NJW 1982, 2833, 2835; BGH NJW 1978,

997 ff., 998). Als **Informationsmedien** kommen insbesondere in Betracht: aktuelle Fachzeitschriften, externe Informationsdienste, wie Reuters-Nachrichtenticker oder Bloomberg, Unternehmensdatenbanken, bankinterner Research, Internet-basierte Börseninformationen sowie Abfragen bei seiner Zentralbank oder übergeordneten Wertpapierberatungseinheiten. Informiert sich der Anlageberater nicht ausreichend, ist ein Schadenersatzprozess vorprogrammiert. Der Anlageberater kann sich nicht darauf berufen, er habe das nötige Fachwissen zur Analyse eines bestimmten Produktes nicht gehabt oder ihm stünden an seinem Arbeitsplatz nicht die oben bezeichneten Informationsmedien zur Verfügung. Die **Produktrecherche** kann u. U. sehr zeitaufwendig oder, wie oben beschrieben, dem örtlichen Anlageberater nur schwer möglich sein, er muss dann jedoch diese Information bei der übergeordneten Zentrale, der Researchabteilung oder Dritten einholen.

Inwieweit der Berater für die Richtigkeit dieser Drittinformation haftet, ist ein in der Praxis besonders dringliches Problem. Hierzu hat die Rechtsprechung folgende Grundsätze festgelegt: **184**

- Das anlageberatende Institut kann sich grundsätzlich auf ihm gelieferte **Testate** von Steuerberatungs-, Wirtschaftsprüfungsgesellschaften verlassen (BGH NJW 1982, 2833 ff., 2835).
- Etwas anderes gilt, wenn der Anlageberater die **Unzuverlässigkeit der Information** kennt oder davon ausgehen muss. Dies ist etwa bei wiederholten Fehlern der Informationswiedergabe oder -ermittlung bzw. beim Verdacht der Parteilichkeit der Informationswiedergabe der Fall.
- Dies ist auch der Fall, wenn Zweifel an der Richtigkeit oder Aktualität der im Testat enthaltenen Information bestehen oder bestehen müssten, z. B. wenn dem Downrating, Brancheninformationen, Negativmeldungen der Wirtschaftspresse usw. entgegenstehen. Testate von Wirtschaftsprüfern bieten hier keine Verlässlichkeit hinsichtlich der Ermittlung der Schuldnerbonität (für eine Vielzahl von Entscheidungen: BGH NJW 1993, 2433).
- Auf Auskünfte kann der Berater i. d. R. seine Beratung stützen.
- Bei der Verwendung von Publikationen der Börseninformationsdienste muss der Berater dagegen kritischer sein (BGHZ 70, 356 ff. [Börsendienst]). Hier empfiehlt sich die Absicherung der empfangenen Information durch weitere eigene oder dritte Quellen.

IV. Sonderfrage Anlageberatung/Anlagevermittlung

185 Die Anforderungen an die Beratung im Rahmen der **Geschäftsvermittlung** sind grundsätzlich geringer anzusehen, als bei der Anlagenberatung (BGH WM 1993, 1238). Den Anlageberater treffen neben den Aufklärungs- und Informationspflichten der Anlagevermittlung (BGH WM 1987, 531; siehe oben Rn. 175) im Fall der Anlageberatung zusätzliche Beratungspflichten. Diese ergeben sich aus dem Beratungsvertrag (dazu siehe oben Rn. 160 ff., 162). Der Anlageberater schuldet im Rahmen dieses Vertrags nicht nur eine Aufklärung des Kunden, sondern eine auf dessen persönlichen Verhältnisse bezogene Beratung über die Eigenschaften, die Risiken und den Nutzen der Anlage, die für den Anleger individuell bedeutsam sein können (BGH NJW 1993, 2433). Der Anlageberater haftet folglich sowohl für die Verletzung von **Auskunftspflichten**, die sich für einen Anlagevermittler ergeben, als für die Nichtbeachtung der (zusätzlichen) Pflichten, die ihm bei der Anlageberatung obliegen. Die Anlageberatung muss dem Kunden ein vollständiges Verständnis nicht nur über die Anlage selbst, sondern auch über deren wirtschaftlichen Nutzen für den Kunden vermitteln. Der Anlageberater genügt seiner Pflicht nur dann, wenn er mit dem Kunden in einem persönlichen, speziell auf dessen Erkenntnisfähigkeit zugeschnittenen Beratungsgespräch die Vor- und Nachteile des Geschäfts abwägt. Aus diesem Grunde kann sich ein Anlageberater zum Ausschluss seiner Haftung nicht etwa darauf berufen, der Kunde habe aus den erteilten Informationen die richtigen Schlussfolgerungen selbst ziehen können.

V. Sonderfrage nachträglicher Informationspflichten, Erkundigungs- und Überwachungspflichten

186 Es bestehen grundsätzlich keine nachträglichen Hinweis- oder Beratungs- bzw. Überwachungspflichten der Finanzdienstleister. Eine derartige Pflicht ergibt sich weder aus dem Beratungsverhältnis noch aus einem Depot-, geschweige denn aus einem Bankvertrag. Hat der Finanzdienstleister den Vertrag fehlerfrei erfüllt, erlischt er (§ 362 BGB). Es gibt mithin keine fortdauernde Beratungs-

pflicht nach Anlageerwerb (OLG Karlsruhe WM 1992, 577; OLG Frankfurt WM 1994, 234). So besteht keine Pflicht
- nach Anlageerwerb, über die schwindende Bonität des Emittenten zu unterrichten (LG Hamburg WM 1994, 2014 zu einer Bond-Anleihe; OLG Köln WM 1989, 402 zu Puma-Aktien) oder
- Kupons bei ihrer Einlösung zu kontrollieren (AG München WM 1993, 1035).
- Dem Finanzdienstleister obliegt auch keine Pflicht zum Hinweis auf Kündigungsmöglichkeiten einer im Tafelgeschäft erworbenen Anleihe (auch nicht *beim* Anlageerwerb, vgl. LG Ellwangen WM 1992, 53).
- Ebenfalls ist der anlageberatende Finanzdienstleister nicht verpflichtet, den Kunden bei vorzeitiger Kündigung von Anleihen zu benachrichtigen (OLG Köln WM 1985, 1414).
- Den Finanzdienstleister trifft ferner keine Pflicht, noch nicht erledigte Kundenaufträge ständig daraufhin zu überprüfen, ob sie aufgrund der aktuellen Börsenentwicklung zu einem bestimmten Zeitpunkt noch gewinnversprechend sind oder nicht (OLG Frankfurt WM 1994, 234).

> Etwas anderes kann allenfalls dann gelten, wenn eine solche Pflicht zwischen dem Finanzdienstleister und dem Kunden vereinbart worden ist. Eine derartige Vereinbarung zur Vermögensbetreuung ist in der Praxis eher selten. Sie dürfte mit hohen Kosten verbunden sein. Die Rechtsprechung bejaht solche zeitlich nachwirkenden Überwachungs- und Informationspflichten lediglich im Fall eines zwischen dem Kunden und dem beratenden Finanzdienstleister separat abgeschlossenen Vermögensverwaltungs- oder Depotüberwachungsvertrags (BGH ZIP 1994, 693 = WM 1994, 834).

VI. Grenzen der Anlageberatungs- und Aufklärungspflicht

Die Aufklärungspflicht und die Beratungspflicht gilt nicht unbegrenzt: Neben den rechtlichen Grenzen der Informationserteilung, etwa dem Verbot der Weitergabe von Insiderinformationen oder Datenschutz- oder Bankgeheimnissen bzw. den Beratungsverboten in Rechts- und Steuerangelegenheiten, tritt eine faktische Grenze der Beratungspflicht gegenüber dem Kunden – insbesondere durch dessen **Verzicht auf die Beratung** – ein.

187

7. Kapitel   Die Anlageberatung

188   **1. Beratungsverzicht des Kunden.** Die Beratungspflicht ist kein Selbstzweck. Sie entfällt notwendigerweise, wenn der Kunde dem Finanzdienstleister unmissverständlich signalisiert, dass er keine Beratung wünscht und/oder auf eine Informations- bzw. Beratungsleistung verzichtet. In einem solchen Fall entfällt nicht nur die Verpflichtung zur Beratung und Kundenaufklärung. Der Verzichtende verliert auch seine Rechte auf Schadenersatzleistung, sollte er bei dem getätigten Geschäft Verluste erleiden.

189   Der Anleger kann ausdrücklich auf die Durchführung von Aufklärung und Beratung verzichten, im Einzelfall ist aber auch die Annahme eines Beratungsverzichtes durch schlüssiges (konkludentes) Verhalten möglich: So verliert ein Kunde, der sich gegenüber dem Finanzdienstleister als Branchenkenner ausgibt, seinen Anspruch auf intensive Beratung (OLG Düsseldorf ZIP 1990, 1396).

- Der Berater darf allerdings den Verzicht auf die Beratung nicht provozieren. Dies wäre etwa der Fall, wenn der Anlageberater den Kunden unter Hinweis auf dessen ohnehin beschränktes Aufnahmevermögen mit den Worten „muss ich Ihnen denn das noch mal erklären" oder „das werden Sie doch wohl jetzt verstanden haben" veranlasst, auf eine weitere Beratung zu verzichten.
- Auch der dringliche Hinweis auf die dem Berater zur Verfügung stehende knappe Zeit darf nicht den Verzicht des Kunden auf eine ausführliche Beratung herausfordern.

Aus beweisrechtlichen Gründen empfiehlt es sich zwingend, den Verzicht des Kunden auf (weitere) Beratung zu dokumentieren. Dies kann entweder durch die Aufnahme eines vom Kunden unterschriebenen Vermerkes (etwa im Beratungsprotokoll) oder durch die Hinzuziehung von Zeugen (etwa Mitarbeiter oder/und Auszubildender der Finanzdienstleister) geschehen. Eine solche Absicherung vermeidet möglicherweise auftretende „Beweisschwierigkeiten" der Finanzdienstleister in einem Prozess.

190   **2. Verjährung.** Entscheidend für die Geltendmachung von Schadenersatzansprüchen ist die Frage nach deren Verjährung: Der Anspruchsberechtigte kann sich trotz Bestehens des Anspruches nicht mehr auf ihn berufen, wenn die Zeit abgelaufen ist, in der der Anspruch verjährt. Die „Verjährung" ist, juristisch gesehen, eine „Einrede", d.h. der Haftende muss im Prozess die Einrede der

VI. Grenzen der Anlageberatungs- und Aufklärungspflicht

Verjährung selbst geltend machen. Vergisst er dies, bleibt die tatsächlich bestehende Möglichkeit des Haftungsausschlusses vom Gericht unbeachtet. Die zeitliche Grenze einer Haftung bestimmen daher die Verjährungsfristen. Diese sind – je nach Art des Anspruches – sehr unterschiedlich:

Tab. 13: Verjährungsfristen

Art des Anspruchs	Frist	Fristberechnung	Norm
Schadenersatz vertraglicher/deliktischer Ansprüche (§§ 280, 823 Abs. 2 BGB) bei falscher od. fehlender Information	3 Jahre (max. 10 Jahre)	Fristberechnung Beginn: 3 Jahre, ab Kenntnis aller anspruchsbegründenden Umstände; sonst 10 Jahre; ab Anspruchsentstehung	§§ 195 ff., 199 BGB (Sonderverjährung: § 37a WpHG [a. F.] zum 31.7.2009 aufgehoben)
Bei Investment-Fondsanlagen i. S. d. § 306 KAGB: Allgemeine Prospekthaftung/Rückabwicklung			§§ 195 ff., 199 BGB (Sonderverjährung § 127 Abs. 5 InvG [a. F.] zum 22.7.2013)
Gesetzliche Prospekthaftung i. S. d. §§ 20 ff. VermAnlG			§§ 195 ff., 199 BGB (Sonderverjährung §§ 44, 46 BörsG a. F.), bzw. (§§ 8a, 13, 13a VerkProspG) (a. F.) zum 1.7.2012

3. Der Haftungsausschluss. Finanzdienstleistungsinstitute sind bemüht, ihre Haftung für ein Aufklärungs- und Beratungsverschulden auszuschließen oder einzuschränken. Dieses erscheint entweder durch einzelvertragliche Abrede mit dem einzelnen Kunden oder durch Allgemeine Geschäftsbedingungen denkbar. Explizit untersagt allerdings § 307 Abs. 6 KAGB oder §§ 20, 21, 22 jeweils Abs. 6 VermAnlG eine vorherige Haftungsermäßigung bzw. einen vorherigen Haftungsausschluss. **191**

a) Der vertragliche Haftungsausschluss. Typisch für den einzelvertraglichen Haftungsausschluss bei Auskünften und Beratungen sind die Formulierungen „unverbindlich" oder „ohne (unser) Obligo". Da es sich hierbei um eine „einzelvertragliche" Haftungsfreizeichnung handelt, ist diese in weiten Grenzen des § 276 Abs. 2 BGB zulässig (BGHZ 20, 164; BGHZ 38, 183; BGH WM 1974, 273). Nur die Vereinbarung einer Haftungsfreizeichnung wegen vorsätzlich fehlerhafter Aufklärung und Beratung ist ausgeschlossen. **192**

Besonderheiten gelten dabei jedoch für informierende Bankinhaber sowie für Organe des Kreditinstituts und leitende Angestellte in vergleichbarer Stellung. Diese Personen genießen – aufgrund ihrer besonderen Kompetenz – einen großen Vertrauensvorschuss beim Kunden. Der Haftungsausschluss wegen grober Fahrlässigkeit ist für den Bankinhaber oder die Organe und berufenen Vertreter der Bank nach Sicht der Rechtsprechung ausgeschlossen (BGH WM 1972, 585; BGH WM 1973, 165); für leitende Angestellte, die eine dem Bankleiter bzw. den Organen vergleichbare Funktion ausüben (*Canaris*, Bankvertragsrecht, Rn. 1280).

193 **b) Die Haftungsfreizeichnung durch Allgemeine Geschäftsbedingungen (AGB).** Der vertragliche Ausschluss von Schadenersatz ist in der Praxis selten. Häufiger kommt dagegen der Haftungsausschluss durch die AGB der Kreditinstitute vor. Die Verwendung der AGB zur Haftungsfreistellung der Kreditinstitute bei Aufklärungs- und Beratungsverschulden ist rechtlich problematisch. Denn im Unterschied zu der einzelvertraglichen Haftungsfreistellung braucht bei ihnen keine vertragliche Einigung über die Geltung zwischen dem Kunden und dem Finanzdienstleister erreicht werden. Der Verwender der AGB (Bank) legt vielmehr von sich aus die Bedingungen fest und stellt sie einseitig dem Kunden zur Verfügung (§ 305 Abs. 1 BGB). Entsprechend umfassender als bei der einzelvertraglichen Haftungsfreizeichnung ist daher der Schutz, den der Gesetzgeber und die Rechtsprechung dem Kunden bei der Haftungsfreizeichnung durch die AGB einräumen. Der Finanzdienstleister darf den Kunden nicht einseitig und übermäßig durch die AGB benachteiligen (§§ 307 ff. BGB; insbes. § 308 Nr. 1, 4, 7, 8 BGB; § 309 Nr. 1, 2, 7 und 8 [Haftungsausschluss oder -reduktion], 9, 11, 12 BGB).

194 Zudem sind Allgemeine Geschäftsbedingungen nur dann gültig, wenn sie wirksam in den Vertrag einbezogen wurden. Dazu bedarf es – vor Abschluss des Vertrags – eines ausdrücklichen oder durch einen Aushang vermittelten Hinweises auf die AGB und der Möglichkeit des Kunden, von ihnen Kenntnis zu nehmen (§ 305 Abs. 1 BGB). Oftmals kommt eine Kenntnisnahmemöglichkeit des Kunden zu kurz. Der Haftungsausschluss hat dann keine rechtliche Wirkung (BGHZ 3, 203; BGHZ 9, 3; BGHZ 12, 142; BGHZ 18, 99).

195 **4. Mitverschulden des Kunden.** Ein Mitverschulden des Kunden ist bei der Festsetzung der Schadenshöhe gemäß § 254 BGB auf diese anzurechnen. Diese Rechtsbestimmung trägt dem Gedanken der persönlichen Eigenverantwortlichkeit für schadensverhütendes Verhalten Rechnung. Die Anerkennung

VI. Grenzen der Anlageberatungs- und Aufklärungspflicht

eines Mitverschuldens unterliegt, nach der Rechtsprechung, sehr engen Grenzen. So ist ein Geschädigter – selbst bei seiner Zugehörigkeit zur selben Branche – nicht mitschuldig, falls er die Angaben eines Anlageberaters nicht auf deren Richtigkeit überprüft hat und der Berater auf den zeitigen Abschluss des Geschäfts drängt (BGHZ 74, 103). Andererseits liegt ein Mitverschulden insbesondere dann vor, wenn der Kunde etwa

- warnende oder differenzierende Hinweise des Verkäufers oder eines Dritten ausschlägt oder unbeachtet lässt (OLG Braunschweig WM 1994, 59 [Polly Peck]; BGH NJW 1979, 1595),
- den Umstand missachtet, dass ein Vermittler von Kapitalanlagen eigene, die Auskunft beeinflussende, wirtschaftliche Interessen verfolgt und daher erkennbar auch wirbt (BGH NJW 1982, 1095),
- ein von Dritten angetragenes Beratungsgespräch sucht, ohne die Risiken selbst oder im Beratungsgespräch prüfen zu lassen (BGH WM 1987, 1546) oder angebotene Informationen strikt ablehnt (*Krimphove*, Anlageberatung, S. 80).
- Ebenfalls ist der Haftungsbeitrag um das Mitverschulden jenes Kunden zu mindern, der seinem beratenden Finanzdienstleister – trotz ihm bekannter Verdachtsmomente – blindlings vertraut (BGH NJW 1973, 456, 458).
- Von besonderer Bedeutung in der Anlageberatungspraxis ist die Fallgruppe des mitschuldigen Anlegers, der den Berater nicht darauf hinweist, dass
  – er zu seiner Entscheidungsfindung noch weitere Informationen benötigt und/oder dass
  – er die ihm im Beratungsgespräch gegebenen Informationen teilweise oder vollständig nicht versteht (*Krimphove*, Anlageberatung, S. 80).
  Auch diese Sachverhalte bilden einen Grund, Schadenersatzansprüche des Kunden um dessen eigenen Verschuldensbeitrag zu mindern.
- Die Möglichkeit, den Schadensbetrag des Kunden zu mindern, ergibt sich ebenfalls, wenn der Kunde seinerseits nicht bemüht ist, das Ausmaß des bereits entstandenen Schadens nach Möglichkeit gering zu halten (**Schadensminderungspflicht**). Dies ist insbesondere der Fall, wenn der Finanzdienstleister den Kunden von dem drohenden Wertverfall seiner Anlage unterrichtet, der Kunde mit dieser Anlage aber noch weiterspekulieren möchte und sich daher von dieser nicht trennen will (OLG Celle WM 1993, 191).

VII. Darlegungs- und Beweislast

196 Insbesondere Laien ist der Umstand bekannt, dass „Recht haben" nicht bedeutet „Recht zu bekommen". Oft scheitert die Geltendmachung berechtigter Schadenersatzansprüche an Beweisfragen. Das Kapitel der Darlegung und Beweislastverteilung zählt zu den schwierigsten im Recht der Anlageberatung.

197 **1. Grundsätze.** Bei der Darlegungs- und Beweislast gelten folgende Grundsätze:
- Derjenige, der sich auf das Vorliegen eines bestimmten tatsächlichen Umstandes beruft, hat diesen Umstand dem Gericht darzulegen und, falls der Prozessgegner widerspricht, auch zu beweisen.
- Gelingt ihm dies, hat der Prozessgegner alle für ihn sprechenden Umstände (z. B.: Tatsachen zur Widerlegung der vom Kläger behaupteten Umstände, neue Tatsachen, die ein Gegenrecht oder eine Einrede des Beklagten begründen) darzulegen bzw. beim Bestreiten auch zu beweisen.

198 Macht also der Kunde einen Schadenersatzanspruch wegen Informationspflichtverletzung geltend, hat zunächst der Kunde selbst alle Voraussetzungen, die einen Anspruch begründen könnten, darzulegen und ggf. auch zu beweisen.

199 Können die Parteien das Gericht durch ihre Beweise nicht überzeugen, ergeht eine sogenannte *„Beweislastentscheidung"*, d. h. die Partei, die – nach den obigen Grundsätzen – den Beweis zu liefern hat (Beweislast), verliert den Prozess.

Um die Erfolgsaussichten eines Schadenersatzprozesses bei vermeintlicher Falschberatung richtig beurteilen zu können, ist also stets danach zu fragen, wem im aktuellen Stadium des Prozesses die Beweislast trifft.

200 **2. Beweis der Ursächlichkeit zwischen Falschberatung und dem Schaden.** Von dem obigen Grundsatz der Beweislastverteilung macht die Rechtsprechung eine Ausnahme, wenn es darum geht, nachzuweisen, dass gerade die Pflichtverletzung (= fehlerhafte, unvollständige Information) zu genau dem eingetretenen Schaden geführt hat (*„Kausalität"*).

201 Bliebe es bei dem oben vorangestellten Grundsatz, müsste der Kunde seine ursprünglichen Entscheidungsmotive darlegen und den Beweis erbringen, dass eine pflichtgemäße Beratung zu seiner schadensbegründenden Entscheidung geführt hätte. Ein solcher Beweis ist zumindest einem unerfahrenen Kunden kaum möglich und daher dem Kunden nicht zuzumuten. Denn von dem Kunden kann nicht erwartet werden, dass er die ursächliche Verbindung zwi-

VII. Darlegungs- und Beweislast

schen einer fehlerhaften Beratung und dem konkret eingetretenen Schaden nachweist. Aus diesem Grunde hat die Rechtsprechung in den vergangenen Jahren vielfältig nach Möglichkeiten gesucht, dem Kunden den Beweis der Schadenskausalität zu erleichtern. Mit den Mitteln einer Annahme der Schadensursächlichkeit aufgrund einer *„allgemeinen Lebenserfahrung"* bei der Anlageberatung (BGHZ 47, 207; BGH WM 1962, 1110), der Beweislastumkehr bei Bestehen einer *„tatsächlichen Vermutung"* (BGH WM 1987, 1455), bis hin zu einer *„generellen Beweislastumkehr"* (BGHZ 61, 118) haben deutsche Obergerichte die grundsätzlich bestehende Beweispflicht des Klägers zu seinen Gunsten – und zu Lasten des Finanzdienstleisters – reduziert.

202 Heute vermutet die Rechtsprechung die Ursächlichkeit der fehlerhaften Beratung für den eingetretenen Schaden. Sie geht also davon aus, dass der Kunde – wäre ihm die Information richtig und vollständig erteilt worden – auf den Erwerb der Anlage verzichtet hätte und es nie zu dem konkreten Schaden gekommen wäre (BGHZ 124, 151). Dies bedeutet:

Der Anlagekunde muss letztlich nur den Verstoß des Anlagevermittlers/-beraters gegen die Aufklärungs- bzw. Beratungspflicht beweisen. Dass dieser Verstoß ursächlich den Schaden herbeigeführt hat, unterstellt das Gericht. Will der Anlageberater den Prozess nicht verlieren, trifft ihn dann die Notwendigkeit, darzulegen und notfalls auch u. a. zu beweisen, dass ein Schaden auch bei richtigem Aufklärungsverhalten entstanden wäre (BGH WM 1984, 221, 222; BGH WM 1992, 1935, 1937).

203 Durch den Beweis einer solchen Behauptung kann er dann die obige Vermutung der Schadenskausalität – zu seinen Gunsten – widerlegen (OLG Köln NJW-RR 1995, 112).

Für alle Umstände, die ein Mitverschulden des Kunden begründen, ist der Berater darlegungs- und beweispflichtig. Denn auf diese Umstände beruft sich der beklagte Finanzdienstleister als sein „Gegenrecht". So hat der Berater etwa darzulegen und beim Bestreiten durch den klagenden Kunden zu beweisen, dass
- der Kunde auf eine ausführliche Beratung verzichtet hat (siehe oben Rn. 188 m. w. H.),
- dass der Anspruch des Kunden verjährt ist (siehe oben Rn. 190 m. w. H.) oder
- der Finanzdienstleister seine Haftung wirksam ausgeschlossen hat (siehe oben Rn. 191 ff., 193 f. m. w. H.).

8. Kapitel Verhaltens- und Organisationspflichten von Wertpapierdienstleistungsunternehmen

204 Praxisrelevante Bedeutung nehmen im Kapitalmarktrecht die Erfüllung von **Verhaltenspflichten** der Banken und Wertpapierdienstleister ein. Bedingt durch die zahlreichen Banken- und Kapitalmarktkrisen der letzten vierzig Jahre haben sich zum Schutz des Anlegers und des Kapitalmarktes eine Vielzahl dem Kunden gegenüber obliegender **Wohlverhaltens-Pflichten** herausgebildet. Maßgeblich sind die §§ 63 ff. WpHG (siehe ⚖ → Anhang 15).

Tab. 14: Die wichtigsten Wohlverhaltens-Pflichten gegenüber dem Kunden und ihre organisatorische Durchsetzung

Pflichten des § 63 WpHG	Konkretisierungen
Sachkenntnis, Sorgfalt und Gewissenhaftigkeit bei der Erbringung der Wertpapierdienstleistung (§ 63 Abs. 1)	–
Berücksichtigung des Kundeninteresses (§ 63 Abs. 4)	–
Vermeidung von Interessenkonflikten (§ 63 Abs. 3; §§ 80, 85)	Art. 27 VO 2017/565 (Art. 16, 23 und 24 der RI 2014/65/EU)
Zugänglichmachen aller Informationen (§ 63 Abs. 2 und Abs. 7)	Art. 44 VO 2017/565 (Art. 24 Abs. 3 der RI 2014/65/EU)
	vor 3.1.2018: § 4 Abs. 1 Satz 1 WpDVerOV (a. F.): ausreichende und verständlich dargestellte Information
	vor 3.1.2018: § 4 Abs. 8 WpDVerOV (a. F.): besondere Kennzeichnung von steuerlichen Informationen
	vor 3.1.2018: § 5 Abs. 4 WpDVerOV (a. F.): Mitteilung aller wesentlichen Änderungen der Information
	vor 3.1.2018: § 5 Abs. 5 i. V. m. § 3 WpDVerOV (a. F.): Verkörperung der Information auf dauerhaftem Datenträger

8. Kapitel Verhaltens- und Organisationspflichten

Pflichten des § 63 WpHG	Konkretisierungen
Information muss redlich, eindeutig und von Irreführung frei sein (§ 63 Abs. 1 und Abs. 6)	Art. 44 VO 2017/565 (Art. 24 Abs. 3 der Rl 2014/65/EU)
	vor 3.1.2018: § 4 Abs. 3 WpDVerOV (a. F.): ausgewogene und nicht diskriminierende vergleichende Werbung
	vor 3.1.2018: § 4 Abs. 4 WpDVerOV (a. F.): faire Darstellung von vergangenen Kursverläufen unter Angabe des Referenzzeitraums und der Informationsquellen
	vor 3.1.2018: § 4 Abs. 5 WpDVerOV (a. F.): eingeschränkte Anwendung von Simulationen von Wertentwicklungen
Die vor dem 3.1.2018 bestehende Notwendigkeit der Kennzeichnung von Werbeinformationen (§ 31 Abs. 2 Satz 2 [a. F.]) ist mit der Neufassung der §§ 63 ff. WpHG entfallen.	–
Zur Verfügung stellen von Informationen zur Bildung der Anleger-Entscheidungsgrundlage (§ 63 Abs. 7)	Art. 44 Abs. 3 VO 2017/565 (Art. 24 Abs. 3 der Rl 2014/65/EU)
	vor 3.1.2018: § 5 Abs. 1 WpDVerOV (a. F.): ausreichend detaillierte Kennzeichnung der Risiken
	vor 3.1.2018: § 5 Abs. 2 und Abs. 3 WpDVerOV (a. F.): Informationen über Vertragsbedingungen
Abgabe eines Informationsblattes über jedes Finanzprodukt bei Anlageberatung (§ 63 Abs. 7 Satz 3; § 64 Abs. 2 [§ 63 Abs. 7 Satz 9 und § 64 Abs. 2 Nr. 9 i. V. m. § 7 Abs. 1 des Altersvorsorgeverträge-Zertifizierungsgesetzes])	Art. 6 bis 8 oder 10 der VO 1286/2014
	vor 3.1.2018: § 5 a WpDVerOV (a. F.): Gestaltung der Informationsblätter
Hinweise zur Honorar-Anlageberatung (§ 64 Abs. 1)	–
Vor der Wertpapierdienstleistung Einholen von Informationen über Kenntnisstand und Erfahrung des Kunden (know your customer) (§ 63 Abs. 10)	Art. 55 VO 2017/565 (Art. 25 Abs. 2 und Abs. 3 Rl 2014/65/EU)
	vor 3.1.2018: § 6 WpDVerOV (a. F.): Aufzählung der einzuholenden Einzelangaben
Einteilung in professionelle Kunden und Privatkunden (§ 67 Abs. 2 und Abs. 3)	Art. 44 VO 2017/565 (Art. 24 Abs. 3 Rl 2014/65/EU); Art. 50 (Art. 24 Abs. 4 Rl 2014/65/EU)

8. Kapitel Verhaltens- und Organisationspflichten

Pflichten des § 63 WpHG	Konkretisierungen
Unverzügliche, redliche, korrekte und missbrauchsfreie Bearbeitung von Kundenaufträgen (best practice) (§ 69, § 82)	Art. 64 Abs. 1 VO 2017/565 (Art. 24 Abs. 1 Rl 2014/65/EU)
	vor 3.1.2018: § 11 WpDVerOV (a. F.): (Einzelheiten)
Hinweis auf nicht rechtzeitige Ausführung (§ 69 Abs. 2)	Art. 67 bis 70 VO 2017/565 (Art. 28 Abs. 1, Art. 24 Abs. 1 Rl 2014/65/EU);
	vor 3.1.2018: § 10 Abs. 3 WpDVerOV (a. F.): Aufhebung der Hinweispflicht
Zusammenlegen von Kundenaufträgen nur im Interesse aller Beteiligten Kunden (§ 82 Abs. 1 Nr. 2)	Art. 68 Abs. 2 VO 2017/565 (Art. 28 Abs. 1, Art. 24 Abs. 1 Rl 2014/65/EU);
	vor 3.1.2018: § 10 WpDVerOV (a. F.): • keine drohende Benachteiligung, • entsprechende Information an jeden Kunden, • Vorlage von Grundsätzen zur Auftragszuteilung, • Teilausführungen müssen den Grundsätzen entsprechen.
Grundsätzliches Verbot von Zuwendungen an Dritte (§ 70 Abs. 1)	Art. 40 VO 2017/565 (Art. 16 Abs. 3, Art. 23 und 24 Rl 2014/65/EU)
	vor 3.1.2018: § 13 Abs. 1 Nr. 5 WpDVerOV (a. F.): um Interessenkonflikt zu vermeiden
	vor 3.1.2018: § 14 Abs. 1 Nr. 5 WpDVerOV (a. F.): Aufzeichnung über Zuwendungen und deren Aufbewahrung
Information über vorgenommene Geschäfte (§ 63 Abs. 12)	Art 59 VO 2017/565 (Art 25 Abs. 6 Rl 2014/65/EU)
	vor 3.1.2018: § 8 WpDVerOV (a. F.): Einzelheiten der Mitteilung
	vor 3.1.2018: § 9 WpDVerOV (a. F.): im Fall der Finanzportfolioverwaltung Aufstellung und periodische Mitteilung der ausgeführten Wertpapierdienstleistungen

8. Kapitel Verhaltens- und Organisationspflichten

Um die Durchsetzung dieser Wohlverhaltens-Pflichten zu garantieren, müssen Banken und Wertpapierdienstleister eine Vielzahl **organisatorischer Pflichten** einhalten. Organisatorische Anforderungen statuiert insbesondere § 80 Abs. 1 WpHG. Das Rundschreiben 05/2018 (WA) – Mindestanforderungen an die Compliance-Funktion und weitere Verhaltens-, Organisations- und Transparenzpflichten – **MaComp** konkretisiert diese Pflichten, ohne allerdings selbst Gesetzeswirkung zu entfalten. Bis zum 3. Januar 2018 enthielt die WpDVerOV (a. F.) zahlreiche konkrete Pflichten. Neben der Einsetzung eines Compliance-Beauftragten (§ 87 Abs. 5 WpHG) zählen hierzu insbesondere: **205**

Tab. 15: Organisatorische Anforderungen an die Pflichtenerfüllung

Pflichten des § 80 Abs. 1 WpHG	Konkretisierungen des § 80 WpHG
Bereitstellen v. Grundsätzen, Mitteln/Verfahren und Compliance-Funktion zur Gewährleist. d. Einhaltung der Pflichten aus WpHG durch Institut und Mitarbeiter (§ 80 Abs. 1)	Art. 21 bis 26 VO 2017/565 (Art. 16 Abs. 2 bis 10 Rl 2014/65/EU), AT 6, AT 6.2 MaComp vor 3.1.2018: WpDVerOV (a. F.): • § 12 Abs. 1: Aufdeckung der Gefahr der Verletzung der aus WpHG und Nebengesetzen resultierenden Pflichten u. Benennung von Verantwortlichen • § 12 Abs. 2: Einrichten v. angemessenen Maßnahmen u. Verfahren zur Beschränkung d. Gefahren • § 12 Abs. 2a: Kontrolle und ggf. Revision der Angemessenheit • § 12 Abs. 3: Überwachen der Maßnahmen u. Mitarbeiter zur Einhaltung des § 33 Abs. 1 Satz 2, Beratung und Unterstützung.
–	vor 3.1.2018: § 12 Abs. 6 WpDVerOV (a. F.): organisatorische Trennung von Honorar-Anlageberatung und übriger Anlageberatung
Vorkehrung zur Kontinuität und Regelmäßigkeit d. Wertpapier(neben)dienstleistungen des Instituts (§ 80 Abs. 1 Nr. 1)	Art. 30 VO 2017/565 (Art. 16 Abs. 2 und Art. 16 Abs. 5 Unterabs. 1 Rl 2014/65/EU), AT 6.2 Rz. 1 e MaComp

8. Kapitel   Verhaltens- und Organisationspflichten

Pflichten des § 80 Abs. 1 WpHG	Konkretisierungen des § 80 WpHG
Maßnahmen zur Vermeidung v. Interessenkonflikten zwischen Institut bzw. seinen Mitarbeitern und Kunden oder Bankenaufsicht (§ 80 Abs. 1 Nr. 2)	Art. 34 Abs. 3 VO 2017/565 (Art. 16 Abs. 3 und Art. 23 Rl 2014/65/EU), AT 6.1, 6.2 Rz. 1 a MaComp
	vor 3.1.2018: WpDVerOV (a. F.): • § 13 Abs. 1: Feststellen v. Interessenkonflikten durch Bearbeiten eines Prüfungskataloges (§ 13 Abs. 1 Nr. 1–5) • § 13 Abs. 2: Festlegung v. Grundsätzen des Umgangs mit Interessenkonflikten (§ 5 Abs. 2, Satz 1h) • § 13 Abs. 3: Gewährleistung der Unabhängigkeit der Mitarbeiter, qualifizierte Unterrichtung d. Kunden üb. Interessenkonflikte (§ 13 Abs. 4)
Vor-Formulierung von Vertriebsvorgaben (§ 80 Abs. 1 Nr. 3)	Art. 65 Abs. 5 VO 2017/565 (Art. 24 Abs. 1 und Art. 24 Abs. 4 Rl 2014/65/EU), (erwähnt in:) BT 1.2.4 Rz. 6, BT 5.2.3 Rz. 7 MaComp
	vor 3.1.2018: § 14 Abs. 3a WpDVerOV (a. F.)
Einrichtung eines transparenten und effizienten Beschwerdemanagements (Art. 87 Abs. 1 Satz 4 WpHG i. V. m. Art. 26 VO 2017/565)	Art. 26 VO 2017/565 (Art. 16 Abs. 2 Rl 2014/65/EU), auch: Art. 7 und Art. 9 Abs. 1 VO 2016/1011, BT 12 MaComp
Einrichtung eines regelmäßigen (mind. 1x jährl.) institutsinternen Berichtswesens (§ 80 Abs. 1 Satz 3 i. V. m. Art. 22 Abs. 2 c VO 2017/565)	Art 21 Abs. 1 a und Art. 22 Abs. 2 c VO 2017/565 (Art. 16 Abs. 2 Rl 2014/65/EU), BT 1.2.2 MaComp
	vor 3.1.2018: § 12 Abs. 4 WpDVerOV (a. F.): • Benennung eines Compliance-Beauftragten. Dieser ist zuständig u. verantwortlich für internes Berichtswesen. • Meldung der nicht-/fristgerechten Behebung v. Angemessenheitsdefiziten i. S. d. § 12 Abs. 2a. • Fachliche Eignung des Compliance-Beauftragten. • Nicht-Einsetzung des Compliance-Beauftragten für Leistungen, die er überwacht.
Überwachung u. Bewertung der o. g. organisatorischen Maßnahmen (§§ 88, 89, 81 Abs. 2)	Art. 22 Abs. 2 a und d VO 2017/565 (Art. 16 Abs. 2 Rl 2014/65/EU), AT 6, AT 6.2 Rz. 1 d, 1 e, Rz. 3, Rz. 3 c, AT 4 MaComp

9. Kapitel Informationspflichten im internationalen Bank- und Kapitalmarktrecht

Der Information kommt vor allem auf dem intransparenten Bank- und Kapitalmarkt ein entscheidender Stellenwert nicht nur dadurch zu, dass Information gesamtwirtschaftlich schädliche Transaktionskosten (in Form von *Such-* bzw. *Informationskosten*) senkt, dadurch die Durchsichtigkeit des Marktes erhöht, Anleger zu einer erhöhten Geschäftstätigkeit motiviert und somit die Möglichkeit einer **wettbewerbsgerechten Unternehmensfinanzierung** gewährleistet. Der mit Informationen einhergehende Transparenzzuwachs stärkt auch das Vertrauen der Anleger in die Ordnungsgemäßheit des Kapitalmarktes (dazu siehe oben Rn. 4 ff. m. w. H.). Gleichzeitig beugt Transparenz der Begehung von Marktmanipulationen und Betrugshandlungen vor. **206**

Kennzeichnend für das internationale wie für das europäische und deutsche Kapitalmarktrecht ist die erhebliche Zunahme der kapitalmarktrechtlichen Informationspflichten in den letzten 25 Jahren. **207**

Der **deutsche Gesetzgeber** hat mit dieser Entwicklung, insbesondere mit dem Erlass des *Transparenzanforderungs-Umsetzungsgesetzes* (TUG), die Modifikation des WpHG, des WpÜG, BörsG, BörsZulV, KAGB und des KWG nachgezeichnet. **208**

I. Die wichtigsten Informationspflichten

Das Kapitalmarktrecht enthält zahlreiche Offenkundigkeits-, Mitteilungs- und Informationspflichten (s. Rn. 15, 👉 → Anhang 3 Übersicht über Mitteilungspflichten). Nur die wichtigsten lassen sich aus Platzgründen hier aufführen und ihren Trägern zuordnen: **209**

1. **Informationspflichten der Finanzdienstleister.** Die sich im Rahmen der staatlichen, **ordnungsbehördlichen Beaufsichtigung** der Geschäftstätigkeit von Finanzinstituten und Finanzdienstleistern ergebenden, zahlreichen Informationspflichten stellen eine **Vorstufe der Aufsicht**, d.h. eine *präventive Kapital-* **210**

marktaufsicht, dar. Den Mitteilungspflichten aus §§ 44 ff. KWG unterstehen somit kollisionsrechtlich grundsätzlich nur jene Institute, die dem Anwendungsbereich des KWG unterliegen. Dies sind Institute mit Sitz im Geltungsbereich des KWG.

211 **2. Informationspflicht der Emittenten gegenüber Anlegern und der Öffentlichkeit.** Das deutsche System der Anknüpfung der Publizitätspflichten der Emittenten ist überaus differenziert:
- Die Offenlegungspflicht des Art. 17 VO 596/2014/EU (MAR) verpflichtet Emittenten zur Bekanntgabe von Insiderinformationen nach Art. 7 MAR. Damit beugen die oben genannten Vorschriften Insiderhandelsverboten vor. Verpflichteter ist hier der *Inlandsemittent* i. S. d § 2 Abs. 7 WpHG. Zu solchen zählen nicht nur deutsche Emittenten (§ 2 Abs. 7 Nr. 1 WpHG), sondern ebenfalls Emittenten aus einem anderen Mitgliedstaat der Europäischen Union bzw. des Europäischen Wirtschaftsraums (§ 2 Abs. 7 Nr. 2 WpHG).
- Nicht nur Anleger und Erwerber von **Stimmrechtsbeteiligungen** haben die Pflichten zur Meldung ihrer Finanzbeteiligung und deren Veränderungen gemäß §§ 33 ff., 40–42, 43 WpHG zu erfüllen. **§ 40 WpHG** legt gleichzeitig dem **Emittenten** die Veröffentlichung dieser Informationen auf. Die Informationspflicht erfordert neben einer Veröffentlichung auch die Mitteilung an die BaFin. Näheres regelt insbesondere die *Wertpapierhandelsanzeige- und Insiderverzeichnisverordnung* (WpAIV) (§§ 17, 3c WpAIV).
- **Gesellschaftsrechtlich relevante Daten,** wie etwa die Einberufung der Hauptversammlung, die Mitteilung über die Ausschüttung und Auszahlung von Dividenden oder die Ausübung von Zeichnungsrechten, hat der Emittent gemäß **§ 49 WpHG** unverzüglich im Bundesanzeiger zu publizieren.
- **Satzungsänderungen** und/oder **Rechtsänderungen,** die die Rechte des Wertpapierinhabers tangieren, hat der *Inlandsemittent* nach **§ 50 WpHG** nicht nur der Bundesanstalt, sondern allen ausländischen Zulassungsstellen, an dem das Wertpapier zum Handel zugelassen ist, vorzulegen und mitzuteilen.
- Eine spezielle Veröffentlichungspflicht für Finanzberichte enthalten die §§ 114 ff. WpHG.
- Emittenten von Wertpapieren haben gegenüber Anlegern umfangreich nach **§ 48 WpHG** Informationen zu erstatten. Diese Pflicht betrifft allerdings nur *Herkunftsemittenten* nach § 2 Abs. 6 WpHG.
- §§ 26, 27, 49, 50, 51 Abs. 2, 114 bis 118 WpHG verpflichten zu Informationen auch über geänderte Umstände. Die Verpflichtung des Emittenten, zur Folgeveröffentlichung für dessen zum Handel an einem *organisierten* Markt

zugelassen Wertpapiere, nach § 10 WpPG, ist mit Wirkung vom 1. Juli 2012 abgeschafft.
- Eine Informationspflicht besteht nach §§ 74 Abs. 1, 63 Abs. 7 und 9, 64 Abs. 1 WpHG auch für den Betreiber sog. **multilateraler Handelssysteme.**

3. **Anleger-Mitteilungspflichten.** Auch den Anleger treffen verschiedene Informations- und Mitteilungspflichten: **212**
- Wer als Anleger durch den Erwerb bzw. die Veräußerung von Anteilen bestimmte für die Entscheidungsfindung in einer Gesellschaft relevante **Stimmrechtswerte** erreicht, über oder unterschreitet, hat hierüber gemäß § 33 WpHG sowohl den Emittenten als auch der BaFin Mitteilung zu machen. § 33 WpHG verfolgt damit den Zweck, Stimmrechts- und insbesondere Kontrollrechts-Änderungen Transparenz zu verleihen.
- Dieselbe Intention wie die Mitteilungspflicht des § 33 WpHG besitzt auch § 38 WpHG. Hier sind es Finanzinstrumente, die dem Anleger ein **Erwerbsrecht auf bereits ausgegebene Aktien** gewähren und somit sein Stimmrecht ausweiten, die seine Mitteilungspflicht auslösen.
- § 39 WpHG bildet einen **Auffangtatbestand** für jene Situationen der Stimmrechtserhöhung, die nicht schon §§ 33 und 38 WpHG erfassen.

II. Rechtsfolgen

Informationspflichten sichern nicht nur die Aufklärung von Anlegern. Sie **213** stellen vielmehr notwendige Elemente zur Aufrechterhaltung sowohl der Marktstruktur als auch der Gewährleistung eines ordnungsgemäßen Marktverhaltens dar. Aufgrund ihrer gesamtwirtschaftlichen Bedeutung bilden die Informationsvorschriften des internationalen Bank- und Kapitalmarktrechts **ordnungsrechtliche Regelungen** des öffentlichen Rechts. Sowohl der internationale als auch der europäische und der deutsche Gesetzgeber belegten die Nichteinhaltung von Informationspflichten dementsprechend mit strafrechtlichen Sanktionen und Bußgeldern. Inhalt und Umfang der Informationspflicht regelt im deutschen Recht die *Wertpapierhandelsanzeige- und Insiderverzeichnisverordnung* (WpAIV). Zu zivilrechtlichen Schadenersatzansprüchen im Spezialfall der nicht unverzüglichen oder inhaltlich unrichtigen Bekanntgabe von Insiderinformation (§§ 97, 98 WpHG) siehe unten Rn. 233 m. w. H.

10. Kapitel Insiderhandelsrecht und Marktmanipulationen

214 Insiderhandel und Marktmanipulation beeinträchtigen den Kapitalmarkt bzw. das Verbrauchervertrauen in seine ordnungsgemäße Funktionstüchtigkeit erheblich. Hier hat also der Gesetzgeber einen besonderen Anlass vorbeugend einzugreifen.

I. Das Insiderhandelsrecht

215 Das Insiderhandelsrecht kennzeichnet, dass bestimmte Personen (Insider) ihr Wissen und ihre Informationen nutzen, um gewinnbringend Kapitalanlagegeschäfte abzuschließen.

216 An sich entspricht der Einsatz und der Gebrauch von Information den **ökonomischen Geboten** des Kapitalmarktes, denn Informationen erhöhen i. d. R. die notwendige Transparenz eines Marktes (siehe oben Rn. 19, 25 m. w. H.), so dass der Gesetzgeber Insiderinformationen bzw. deren Nutzung in Insiderhandelsgeschäften grundsätzlich nicht verbieten müsste. Im Gegenteil ist es gerade nicht so, dass die Insiderinformationen an sich unzulässig wären; u. a. §§ 33, 97 WpHG und Art. 17 VO 596/2014 (im Folgenden **MAR**) fordern ja gerade dazu auf, Insiderinformationen dem Markt zur Verfügung zu stellen. Dem Verbot von Insiderhandlungen bzw. Insidergeschäften liegt vielmehr der Umstand zugrunde, dass bei ihnen diese Information **nicht** allen Marktteilnehmern **gleichmäßig**, sondern lediglich einer **beschränkten Personenzahl** zur Verfügung steht. Dem Insiderhandelsrecht geht es um die gleichmäßige Verteilung von Informationen auf dem Markt und somit die Verhinderung sog. Information-Asymmetrien.

217 Der deutsche Gesetzgeber hat erstmalig mit dem *Ersten Finanzmarktnovellierungsgesetz* (1. FiMaNoG) vom 30. Juni 2016 sowohl das deutsche Insiderstrafrecht als auch das Marktmanipulationsstrafrecht grundlegend umgestaltet. Diese Maßnahme ist Bestandteil einer umfassenden **europäischen Gesetz-**

gebungsinitiative, die mit dem Inkrafttreten der verbindlichen Einführung der MiFIR 2 Richtlinie zum 3. Januar 2018 ihr vorläufiges Ende fand. Dabei strich der deutsche Gesetzgeber die bisherigen Vorschriften des Insider- und Marktmanipulationsrechts aus dem WpHG und begnügt sich mit einem Verweis auf die entsprechenden europäischen Vorgaben in der europäischen **Marktmissbrauchs-Verordnung** MAR (siehe Rn. 35, 54, 211, 216 ff.).

1. Die Insiderhandlungs-Verbotstatbestände. Art. 14 MAR untersagt **218**
- die Nutzbarmachung der Insiderinformationen zum Erwerb und Veräußerung von Insider-Papieren,
- das Mitteilen oder
- Zugänglichmachen von Insiderinformationen an Dritte oder/und
- die Empfehlung des Erwerbs oder der Veräußerung von Insider-Papieren oder das Verleiten hierzu.

§ 119 Abs. 3 i. V. m. Art. 8 MAR stellt jedem Insider den Erwerb oder die Veräußerung von Insiderpapieren sowie das Mitteilen, Zugänglichmachen einer Insiderinformation bzw. die Empfehlung oder das Verleiten zu einem Insidergeschäft unter **Strafe**. **219**

2. Der Begriff der Insiderinformation. Voraussetzung des strafbewährten Verbots ist das Vorliegen von *„Insider-Information"*. Hierunter versteht Art. 7 Abs. 1 lit. a MAR **220**
- präzise, d. h. konkrete Sachinformationen,
- die nicht zuvor öffentlich bekannt waren,
- über Umstände, die
- einen oder mehrere Emittenten bzw. ein oder mehrere Finanzinstrumente betreffen und
- deren Bekanntheit geeignet wäre, den Kurs dieser Finanzinstrumente oder damit verbundener derivativer Finanzinstrumente erheblich zu beeinflussen.

Art. 7 Abs. 2 Satz 1 versucht auch eine Umschreibung der Frage, wann eine Information als „präzise" anzusehen ist. Dies ist der Fall, wenn vernünftigerweise zu erwarten ist, dass die Tatsache, über die informiert wurde, in Zukunft eintritt. Nach der Entscheidung des EuGH v. 11.3.2015 – Rs. C-628/13 (Lafonta, ECLI:EU:C:2015:162, Rn. 27, 31–38 🔖) kommt es aber hierbei nicht auf die Vorhersehbarkeit einer bestimmten Kursentwicklung an. **221**

222 Reine Vermutungen, subjektive Wertungen oder Meinungsäußerungen schließt der Begriff der Insiderinformation aus. Dennoch bezeichnet Art. 7 Abs. 3 MAR auch die Information über unternehmerische Zwischenschritte – etwa die Informationen über Umstände, die einer Entscheidung eines Unternehmens vorausgehen – ausdrücklich als Insiderinformation.

223 **3. Erwerb und Veräußerung von Insiderpapieren.** Art. 14 lit. a MAR untersagt das Tätigen von Insidergeschäften, also gemäß Art. 8 Abs. 1 MAR
- deren *Erwerb* und
- deren *Veräußerung*.
- Auch unterfällt das *Stornieren* oder *Ändern* eines erteilten Auftrags gemäß Art. 8 Abs. 1 S. 2 MAR dieser Fallgruppe.

Bereits der Versuch zu diesen Tathandlungen ist strafbar (Art. 14 lit. a MAR).

224 **4. Empfehlen von Insidergeschäften und Anstiften.** Hierzu Art. 14 lit. b MAR verbietet die Tathandlung des
- *Empfehlens* sowie die des
- *Anstiftens* (gemäß Art. 8 Abs. 2 MAR).

225 Zur Definition des Anstiftens greift Art. 8 Abs. 2 MAR auf den Terminus des Verleitens zurück. Hier muss einer der Täter (Insider) mit Hilfe der Insiderinformation (siehe Art. 8 Abs. 3 MAR) eine andere Person dazu verführen,
- Finanztransaktionen i. S. d. Art. 14 lit. a MAR vorzunehmen (Art. 8 Abs. 2 lit. a MAR) oder
- einen Dritten hierzu zu verleiten (Art. 8 Abs. 2 lit. b MAR) (♟ → Anhang 16 Insider-Strafbarkeit).

226 **5. Die Insider.** Das Insiderhandelsverbot des Art. 14 MAR gilt allerding nur, wenn ein Insider handelt. Hier differenziert Art. 8 Abs. 4 MAR zwischen dem
- **Organ-Insider** = Mitglied der Geschäftsführung und Aufsichtsorgans oder persönlich haftender Gesellschafter des Emittenten,
- **Beteiligungs-Insider** = aufgrund seiner Beteiligung am Kapital des Emittenten verfügt dieser über Insiderinformation,
- **Berufs-Insider** = dieser erhält Insiderinformation aufgrund seiner Arbeit oder der Erfüllung seines Berufes bzw. der Ausführung der von ihm zugewiesenen Aufgaben, oder dem
- **Straftat-Insider** = dieser erwirbt Insiderinformationen im Zusammenhang der Vorbereitung und Begehung einer Straftat.

227 Hierüber hinaus stellt Art. 8 Abs. 4 Satz 2 MAR all jene Personen, die Insiderinformationen unter anderen als den eben genannten Umständen erlangt haben, als **Kenntnis-Insider** sämtlichen oben erwähnten Personen (*Organ-Insider, Beteiligungs-Insider, Berufs-Insider, Straftats-Insider*) gleich.

Damit unterliegen alle aufgeführten Personen unterschiedslos dem generellen Verbotstatbestand des Art. 14 MAR. Die nach der vormaligen Rechtslage so wichtige Einteilung in Organ-Insider, Beteiligungs-Insider, Berufs-Insider, Straftat-Insider ist damit weitgehend entfallen.

228 6. **Sonderfall: Offenlegung von Insiderinformationen.** Art. 14 lit. c MAR stellt nun auch das *unrechtmäßige Offenlegen einer Insiderinformation* unter Strafe. Der Strafgrund für dieses Verbot bleibt unklar; es entspricht doch gerade dem Sinn des Insiderverbotsrechts, Insiderinformationen publik zu machen, also offenzulegen, um die Gefahr ihrer einseitigen Verwendung – also der Gefahr von Informations-Asymmetrien – zu vermeiden. Die bis zum 3. Januar 2018 geltende Vorschrift des § 15a WpHG (a. F.) und jetzt auch die der Art. 17, 18 MAR beabsichtigen genau eine solche Offenlegung von Insiderinformation, die ihnen den Charakter als Insiderinformation nimmt.

229 Zweck des Insiderstrafrechts ist es, Informations-Asymmetrien auf einem Markt zu unterbinden. Anlagerelevante Informationen sollen nämlich deswegen gleichmäßig am Markt verteilt und allgemein zugänglich sein, um ein faires, gleichmäßiges Marktverhalten der Marktteilnehmer zu gewährleisten und künstliche individuelle Kurs-Strategien zu vermeiden (siehe oben Rn. 214 ff.). Aus diesem Grund muss eine Informations-Offenlegung, die zu keiner asymmetrischen Informationsverteilung führt, d. h., die nicht wenige bestimmte Adressaten exklusiv bedient, sondern sich generell an einen unbestimmten Adressatenkreis wendet, zulässig sein. Nur die Weitergabe von Insiderinformation lediglich an einzelne Person muss daher strafbar bleiben.

Für diese Sicht spricht auch, dass die allgemeine Weitergabe der Information – also deren Veröffentlichung – den Verlust von deren Charakter als Insiderinformation (i. S. d. Art. 7 MAR) mit sich führt und somit einen Markt schon nicht mehr gewähren bzw. verzerren kann. Daher ist es konsequent, dass gemäß Art. 11 Abs. 4 MAR die Weitergabe von Insiderinformationen im Zusammenhang mit einer Marktsondierung zulässig erscheint.

230 7. **Legitime Handlungen.** Art. 9 MAR stellt Vermutungen auf, nach denen eine sonst nach Art. 14 und 8 MAR rechtswidrige Insiderhandlung als legitim gilt. Art. 9 Abs. 1 MAR nennt nicht abschließende Beispielsfälle:
- Insiderrelevante Hedging-Geschäfte von juristischen Personen, die wirksame Maßnahmen zur Eindämmung des unternehmensinternen Informationsflusses (etwa Etablierung sog. „Chinese Walls") sicherstellen (Art. 9 Abs. 1 a MAR).
- Art. 9 Abs. 2 lit. a legitimiert die insiderrelevanten Aktivitäten von Market-Makern (Art. 4 Abs. 1 Nr. 8 Rl. 2004/39) und Gegenparteien (Art. 2 Nr. 1 VO 648/2012), die im Rahmen ihrer rechtmäßigen, normalen Tätigkeit die Liquidität des Marktes sichernde Finanzierungsdienstleistungen erbringen.
- Das Ausführen von Aufträgen Dritter (Art. 9 Abs. 2 lit. b MAR).
- Erfüllung von fälligen Verpflichtungen, die vor Erhalt der Insiderinformation eingegangen sind, sofern diese in gutem Glauben und nicht zur Umgehung des Insiderrechts eingegangen wurden (Art. 9 Abs. 3 MAR).

231 8. **Rechtsfolgen.** Insidergeschäfte sind nach den obigen Vorschriften nicht nur verboten, sondern i. S. d. § 119 Abs. 2 und Abs. 3 WpHG auch strafbar. Hierunter fällt auch deren Versuch (§ 119 Abs. 4 WpHG).

232 Ebenfalls kann der Staat Verstöße gegen das Insiderhandelsrecht – etwa die unrichtig, unvollständig, nicht in der vorgeschriebenen Weise oder verspätete Bekanntgabe von Insiderinformation bzw. deren Verbindung mit Informationen zu seiner Tätigkeit oder etwa das unrichtige Führen einer „Insiderliste" nach Art. 18 MAR – als Ordnungswidrigkeit nach § 120 Abs. 4, Abs. 15 Nr. 6–16 WpHG mit einem Bußgeld ahnden.

233 9. **Sonderfall: Schadenersatzansprüche Privater im Zusammenhang mit Insiderinformationen.** Ausnahmen zum Grundsatz des *„Nichtersatzes von Vermögensschäden"* normiert das Gesetz mit den Schadenersatzansprüchen bei einem Verstoß gegen Informationspflichten i. S. d. §§ 97 und 98 WpHG. Diese Vorschriften gewähren jedem Dritten, der von der nicht bzw. einer fehlerhaft erteilten Information nachteilig betroffen ist, einen Schadenersatzanspruch gegen den Emittenten von Finanzinstrumenten, die an einer inländischen Börse zugelassen sind. §§ 97 und 98 WpHG beziehen sich aber lediglich auf **Insiderinformationen** (i. S. d. § 13 WpHG bzw. § 15 WpHG i. V. m. Art. 7 MAR), wobei § 97 WpHG voraussetzt, dass der Emittent es unterlässt, Insiderinformationen zu veröffentlichen und § 98 WpHG darauf abstellt, dass der Emittent nach § 15 WpHG unwahre Insiderinformationen mitteilt. Damit besitzen beide Anspruchsgrundlagen einen vergleichsweise engen Anwendungsbereich.

Beispielfall „Hellweg Care"

234

Sachverhalt:
Der Vorstandsvorsitzende des pharmazeutischen Unternehmens Hellweg-Care AG gibt in einer Pressemitteilung am 13. Juni 2020, 3 Wochen vor der Aktionärsvollversammlung bekannt, dass dem Unternehmen die Entwicklung eines neuen Medikaments zur erfolgreichen Bekämpfung von Covid 19 (Corona) gelungen ist. Da dieses Medikament das einzige auf dem Weltmarkt ist, schnellt der Kurs der Hellweg-Care-Aktie binnen drei Wochen um 79 % in die Höhe. Dass ein solches Medikament entwickelt wurde, trifft zwar zu. In der gleichen Pressekonferenz verschweigt der Vorstandsvorsitzende jedoch wissentlich, dass dieses Medikament noch nicht offiziell zugelassen ist und seine Zulassung – sollte sie erteilt werden – ohnehin ca. dreieinhalb Jahre dauern wird. In dieser Zeit könnten zahlreiche andere Entwickler ein gleich erfolgreiches Medikament auf den Markt bringen.
Die Aktionäre, die die Hellweg-Care-Aktien nach dieser Pressekonferenz – für teures Geld – von ihrer Bank erworben haben, fühlen sich hintergangen. Denn, nachdem die Dauer der Medikamentenerprobungsfrist (= 3 ½ Jahre) bekannt geworden ist, fällt der Aktienkurs der Hellweg-Care-Aktie um 89 %.
Der Aktionär A, der u. a. die Hellweg Care-Aktien nach dieser Pressekonferenz erworben hat, fühlt sich hintergangen und verlangt von der Hellweg Care AG Schadenersatz.

Anspruchsgrundlage:
Als mögliche Anspruchsgrundlage für den Anspruch des A käme die vertragliche Anspruchsgrundlage aus § 280 BGB in Betracht.
Dann müsste eine Pflichtverletzung vorliegen. Diese Pflichtverletzung könnte sich aus dem Kaufvertrag der Aktie ergeben. Es stellt sich aber die Frage, ob der Umstand, dass das eine oder andere Medikament des pharmazeutischen Konzerns (noch) nicht zugelassen ist, Pflicht-Gegenstand der Mitteilung über die Aktie beim Abschluss des Kaufvertrags ist. Zwar schuldet das Wertpapierdienstleistungsinstitut, das die Aktie verkauft, dem Erwerber – als Nebenpflicht aus dem Kaufvertrag – zahlreiche Informationen, und zwar erklärt § 63 Abs. 7 WpHG als solche Mitteilungspflicht jede angemessene Information auch über das Wertpapierinstrument. Dabei mag jedoch dahinstehen, ob auch die Information über ein nicht zugelassenes Medikament eine solche Information ausmacht. Denn die Anspruchsgrundlage aus § 280 BGB wendet sich an den Aktienverkäufer (das Wertpapierdienstleistungsunternehmen/Bank). Im vorliegenden Fall begehrt A aber seinen Schadenersatzanspruch von dem Unternehmen Hellweg-Care AG. Zu dieser besteht keine kaufvertragliche Nebenpflicht zu einer solchen Information.

Also scheidet eine vertragliche Pflichtverletzung, und damit auch die Anspruchsgrundlage § 280 BGB für den Schadenersatzanspruch des A aus.
A könnte gegebenenfalls einen deliktischen Anspruch auf Schadenersatz aus § 823 Abs. 1 BGB gegen die *Hellweg-Care AG* haben.
Als Rechtsgut, dessen Verletzung einen solchen Schadenersatzanspruch auslösen kann, erwähnt § 823 Abs. 1 BGB das Eigentum. Eine Beschädigung des Eigentums des A liegt allerdings nicht vor. Die *Hellweg-Care AG* hat A die Aktien (Anteilscheine) nicht entzogen. Lediglich der Wert der Aktien hat sich durch das Verhalten der *Hellweg-Care AG* reduziert. Hierdurch liegt allenfalls ein Vermögensschaden des A vor und nicht eine durch § 823 Abs. 1 BGB geschützte Beschädigung des Rechtsguts Eigentum.
Der Anspruch des A gegen die *Hellweg-Care AG* könnte aus § 97 Abs. 1 Nr. 1 WpHG resultieren.
Die *Hellweg-Care AG* hat die Aktien herausgegeben. Sie ist somit Emittent i. S. d. § 2 Abs. 13, 14 WpHG.
Diese Aktie ist ebenfalls nach § 2 Abs. 4 WpHG i. V. m. § 2 Abs. 1 WpHG ein Finanzinstrument im Sinne des § 97 Abs. 1 Nr. 1 WpHG.
Die *Hellweg-Care AG* müsste auch eine Insiderinformation unterlassen haben. Als Information käme die Bekanntgabe des Prüfungszeitraums von dreieinhalb Jahren in Betracht. Als Insiderinformation bezeichnet Art. 7 Abs. 1 a VO (EU) 596/2014

„nicht öffentlich bekannte präzise Informationen, die direkt oder indirekt einen oder mehrere Emittenten oder ein oder mehrere Finanzinstrumente betreffen und die, wenn sie öffentlich bekannt würden, geeignet wären, den Kurs dieser Finanzinstrumente oder den Kurs damit verbundener derivativer Finanzinstrumente erheblich zu beeinflussen".

Die Bekanntgabe des Prüfungszeitraums von dreieinhalb Jahren ist zunächst eine nicht öffentlich bekannte, aber auch präzise Information. Diese betrifft direkt den Emittenten, nämlich die *Hellweg-Care AG*. Würde diese Information öffentlich bekannt sein, hätte dies erhebliche Folgen auf den Kurs der Aktie, wie die im Sachverhalt geschilderte Entwicklung auch beweist.
Folglich liegt eine Insiderinformation im Sinne des § 97 Abs. 1 Nr. 1 WpHG vor.
Fraglich ist, ob der Vorstand der Aktiengesellschaft die Bekanntgabe dieser Informationen unterlassen hat.

> In der Pressekonferenz stellt der Vorstand die bestehende Qualität des neuen Medikaments für das Publikum besonders heraus. Damit gibt er auch dem Publikum eine Vorstellung über den Wert des Produktes und damit den Wert seines Unternehmens bzw. der Aktienanteile an ihm. Diese Information ist unvollständig, da der Aktionär ebenfalls wissen muss, inwieweit und wann sich die Gewinnchancen realisieren. Ohne die Bekanntgabe dieses genauen Zeitraums gehen nämlich die Aktionäre notwendigerweise davon aus, dass der Wert der Medikamenten-Entwicklung (und damit des Unternehmens bzw. dessen Aktien) unmittelbar, d. h. zum Jetztzeitpunkt, gegeben ist. Das Verhalten des Vorstandes hätte also eine solche Aufklärung unumgänglich gemacht.
> Indem der Vorstand die Mitteilung des noch ausstehenden Prüfungszeitraums für das Medikament von immerhin dreieinhalb Jahren nicht anzeigt, unterlässt er die Bekanntgabe einer Insiderinformation i. S. d. § 97 Abs. 1 Nr. 1 WpHG.
> Folglich besteht ein Anspruch des A gegen die *Hellweg-Care AG* auf Ersatz des durch diese unvollständige Information verursachten Schaden.
> (Alternative: In dem Fall, in dem man dem Vorstand der *Hellweg-Care AG* das Halten der Pressekonferenz [also ein aktives Tun] vorhalten will, ergibt sich der Schadenersatzanspruch aus § 98 WpHG.)
> Zu der ausführlichen juristischen Subsumtion generell 📖 → Anhang 17 und zum Fall Anhang 18.

II. Die Marktmanipulation

Weniger Kritikpunkte als das neue Insiderstrafrecht bietet das Strafrecht der Marktmanipulation. **235**

1. **Marktmissbrauchstathandlungen.** Der Gesetzgeber gliedert dies in die Straftatbestände des **236**
- **Verbreitens** von marktmanipulativer Information,
- **Übermittelns** oder
- **Bereitstellens** von marktmanipulativer Information (Art. 12 bzw. Art. 15 MAR) und des
- **Abschlusses** manipulativer Geschäfte,

- marktmanipulativen Erteilens eines Handelsauftrags und in
- **andere Handlungen** (Art. 15 bzw. Art. 12 MAR).

237 Die Tathandlungen des Geschäftsabschlusses, der Verbreitung von Handelsaufträgen, der Übermittlung manipulativer Tatsachen und der sog. anderen Handlungen definiert Art. 12 Abs. 1 MAR. Wie die vorangegangene Rechtslage des § 20a WpHG (a. F.) kennt Art. 12 Abs. 2 MAR Marktmanipulationen durch die
- **Sicherung marktbeherrschender Stellung** (Art. 12 Abs. 2 lit. a MAR),
- **Anleger-Irreführung durch Eröffnungs- und Schlusskurse** (Art. 12 Abs. 2 lit. b MAR),
- **Funktions-Beeinträchtigung** eines **Handelssystems** (Art. 12 Abs. 2 lit. c i MAR),
- **Handels-Beeinträchtigung Dritter** (Art. 12 Abs. 2 lit. c ii MAR),
- **Setzung falscher Signale** bezüglich der Angebots- und Nachfragesituation eines Finanzproduktes (Art. 12 Abs. 2 lit. c iii MAR).

238 Zu diesem Zweck muss der Manipulator folgende Tathandlungen ausführen:

Tab. 16: Tathandlung der Marktmanipulation

	Handlungsalternative i. S. d. Art. 12 Abs. 1 MAR		Tathandlung
1.	Geschäftsvornahme (Kauf/Veräußerung von Wertpapieren) oder Auftragserteilung zu solchen Geschäften	lit. a, i	unrichtige, irreführende Angaben
		lit. a, ii	anormales, künstliches Kursniveau
2.	+ sonst. Tätigkeiten	lit. b	Vorspiegel falscher Tatsachen, sonst. Kunstgriffe, Täuschung
3.	Info-Verbreitung über Medien	lit. c	vorsätzl. falsche irreführende Signale, auch Gerüchte
4.	Übermitteln, Bereitstellen von Angaben zu einem Referenzwert	lit. d	vorsätzl. falsche, irreführende Ausgangsdaten bzgl. Referenzwert

Die Praxis kennt zahllose Missbrauchspraktiken (*Krimphove*, Soergel: BGB-Kommentar, Bd. 27/1, IPR, 2019, IntKapMR, Rn. 790 ff. m. w. H.). Nur die gängigsten sollen hier Erwähnung finden:
- Fictive orders (= *Geschäfte, die keine Wirkungen für den Auftraggeber zeigen, aber in der Lage sind, den Eindruck der Nachfrageerhöhung zu erwecken und damit die Marktpreise für das oder die Anlageprodukte zu erhöhen*),
- Advancing the bid (= *Künstliche Erhöhung der Nachfrage*),

- Creating a price-trend and trading against (= *Erzeugen eines bestimmten Markttrends, um – bei Gleichhandeln der Anleger – die gegenläufige Marktposition nutzen zu können*),
- Pumping and dumping (= *Schaffung von Anreizen zur sukzessiven Erhöhung der Marktpreise, um dann das Produkt abzustoßen*),
- Scalping (= *öffentliche Prognose eines bestimmten Kursverhaltens, um bei deren Eintreten eigene Werte hochpreisig verkaufen zu können; s Krimphove, KritV 2007, 425 ff.*),
- Abusive naked short sales (= *Leerverkauf, ohne den Willen des Leer-Verkäufers den nichtvorhandenen Wert [Basiswert] zu stellen*),
- Cross sales oder wash sales (= *Vortäuschen eines großen Handelsvolumens durch verdeckte Eigengeschäfte*),
- Painting the tape (= *Fingieren erheblicher Umsätze eines o. mehrerer Finanzinstrumente, etwa durch eine rasche Aufeinanderfolge von Kauf- und Verkaufsgeschäften*),
- Marking the close (= *Geschäfte zur Manipulation des Schlusskurses*),
- Market corner, auch cornering, abusive squeezes (= *Begründung und Ausnutzung einer marktbeherrschenden Stellung bzgl. eines oder mehrerer Anlageprodukte*),
- Improper matched orders, trading pools (= *kollusives Zusammenwirken bei der Abgabe von gleichlaufenden Kauf- oder Verkaufsorders*),
- circular trades (= wie „*matched orders*", nur Parteien sprechen – ähnlich einem Submissionskartell – eine Reihenfolge der Aufträge ab).

239 Diese jeweilige Technik ist mehr oder weniger mühevoll unter die oben aufgeführten Kriterien des Art. 12 Abs. 2 MAR zu subsumieren (📖 → Anhang 19 Marktmanipulations-Strafbarkeit).

240 **2. Sonderproblem „Scalping".** Keinen Lösungsschritt weiter bringt die neue Rechtslage, insbesondere der Verweis auf Art. 12 MAR, zur rechtlichen Einordnung des *Scalping*. Zunächst ist festzustellen, dass beim Scalping (also beim Herauftreiben des Kurses für Wertpapiere, welche der *Scalper* zuvor selbst erworben hat, durch seine öffentliche Stellungnahme, Produktbewertung oder/ und Kursverlaufs-Prognose in elektronischen Medien) der Scalper weder unrichtige, irreführende Angaben macht, noch anormales, künstliches Kursniveau ausnutzt, denn der Kurswert des Produktes steigt ja tatsächlich wie von ihm prognostiziert, und dieser Anstieg ist völlig marktkonform auf eine gestiegene Nachfrage zurückzuführen.

241 Lediglich der speziell für diesen Fall eingeführte Art. 12 Abs. 2 lit. d MAR setzt eine in elektronischen Medien abgegebene Stellungnahme, die bewusst einen individuellen Kursgewinn für den Stellungnehmenden bewirkt, – für den Verfasser überaus problematisch – einer „Irreführung" i. S. d. Art. 12 Abs. 1 Alternativen a–d MAR gleich.

242 Nach Art. 12 Abs. 2 lit. d letzter Halbsatz MAR ist eine solche Stellungnahme dann aber zulässig, wenn der Scalper seinen Interessenkonflikt im Zusammenhang mit der Informationserteilung und dem Halten eigener Papiere anlässlich seiner Beratung öffentlich deutlich macht. Potenzielle Anleger sollen so erkennen, dass der Scalper – aus Eigeninteresse – eine bestimmte Anlagestrategie empfiehlt. Diese gesetzliche Schutzmaßnahme verfehlt jedoch ihr Ziel. Denn die Mitteilung des Eigeninteresses des Informanten hat wohl kaum den Wert, den Anlagekunden vor dem Eingehen der hier günstig besprochenen Geschäfte zu wahren. Vielmehr vermittelt die Information, auch die Auskunftsperson habe sich selbst geschäftlich so verhalten, wie er es seinen Kunden empfiehlt, diesen noch einen zusätzlichen – und damit die Manipulation verstärkenden – Anreiz, es (vergleichbar der Motivation eines Schneeballsystems) der Gewährsperson, d. h. dem Scalper, gleichzutun.

243 **Beispielfall „Frühstücks-Fernsehen"**

Sachverhalt:
Der im „Frühstücks-Fernsehen" häufig auftretende, von den Moderatoren als „Anlage-Papst" angekündigte Prof. Barth erklärt am 24. Oktober 2017 seinem Publikum, dass demnächst die Aktie PAS um das Vierfache ihres derzeitigen Wertes an der Börse steigen wird. Tatsächlich hatte Herr Prof. Barth vier Tage vor seinem Fernsehauftritt sehr preisgünstig PAS-Aktien zu 12,33 € pro Stück erworben. Hiervon wusste niemand. Aufgrund dieser Äußerung steigt, wie von Prof. Barth erwartet, in wenigen Wochen der Wert der PAS-Aktien auf 233,78 €, da viele Fernsehzuschauer sich eine solche Gelegenheit nicht entgehen lassen wollen. Prof. Barth verkauft seine Aktien mit hohem Gewinn. Danach stürzen die Aktien auf 8,11 €. Viele Anleger fühlen sich nun betrogen.
Ist Herr Prof. Barth wegen dieser „Manipulation" strafbar?

II. Die Marktmanipulation

Lösung:
Prof. Barth könnte durch seine Kaufempfehlung nach § 119 Abs. 1 WpHG i. V. m. § 120 Abs. 2 Nr. 3 i. V. m. Art. 15 MarktmissbrauchsVO (VO 596/2014) (MAR) strafbar sein. Dies setzt zunächst voraus, dass in seinem Verhalten ein Marktmissbrauch vorliegt. Den Marktmissbrauch definiert Art. 12 MAR.
Art. 12 Abs. 2 MAR kennt dabei mehrere Möglichkeiten zur Marktmanipulation:

- **Sicherung marktbeherrschender Stellung** (Art. 12 Abs. 2 lit. a MAR),
- die **Anleger-Irreführung** durch **Eröffnungs- und Schlusskurse** (Art. 12 Abs. 2 lit. b MAR),
- die **Funktions-Beeinträchtigung** eines **Handelssystems** (Art. 12 Abs. 2 lit. c i MAR),
- die **Handels-Beeinträchtigung Dritter** (Art. 12 Abs. 2 lit. c ii MAR),
- die **Setzung falscher Signale** bezüglich der Angebots- und Nachfragesituation eines Finanzproduktes (Art. 12 Abs. 2 lit. c iii MAR).

Eine marktbeherrschende Stellung sichert Prof. Barth durch seine Prognose nicht. Bei allen anderen Alternativen gibt es das Problem, dass Prof. Barth keine unrichtigen oder irreführenden Angaben macht. Denn tatsächlich steigt ja – wie von ihm prognostiziert – der Kurs. Auch schafft Prof. Barth kein anormales, künstliches Kursniveau, denn der Kurswert des Produktes steigt ja tatsächlich, wie von ihm prognostiziert, und dieser Anstieg ist völlig marktkonform auf eine gestiegene Nachfrage zurückzuführen. Damit liegt keine der oben angegebenen Alternativen vor.
Für den Fall des „Scalping" hat der europäische Gesetzgeber die „marktmanipulierende Stellungnahme in öffentl. Medien" i. S. d. Art. 12 Abs. 2 lit. d MAR geschaffen.
Durch seinen Auftritt in dem öffentlichen Medium Fernsehen vermittelt Prof. Barth eine Stellungnahme, die die von ihm zuvor erworbenen Aktien zu seinem Vorteil im Wert steigen lässt. Prof. Barth gibt auch der Öffentlichkeit nicht bekannt, dass er im Vorfeld die „von ihm beworbenen" Aktien erworben hatte.
Damit liegen die Voraussetzungen des Art. 12 Abs. 2 lit. d MAR vor. Seine Manipulation i. S. d. Art. 15 MAR ist damit gegeben und somit nach § 119 Abs. 1 WpHG i. V. m. § 120 Abs. 1 Nr. 3 WpHG strafbar.

> **Kritik:** Art. 12 Abs. 2 lit. d MAR greift nur ein, wenn der Umstand, dass der Empfehlende selbst eigene Aktien hält, nicht der Öffentlichkeit gleichzeitig mit dem Medienauftritt des Empfehlenden bekannt gegeben wird, dass dieser selbst Aktien hält, die von seiner Empfehlung profitieren. Mit diesem Kriterium der „öffentlichen Bekanntgabe" will der Gesetzgeber dem Publikum den Interessenkonflikt des Empfehlenden bekannt machen. Das Publikum soll durch diese Bekanntmachung vor dem Inhalt der Empfehlung gewarnt werden. Gerade dieser Effekt tritt nicht ein. Im Gegenteil, die Bekanntmachung, dass der Empfehlende selber eigene Aktien dieses Typus hält, wirbt ja noch mehr für diese Aktien, denn diese Aussage birgt die Information, dass der Empfehlende tatsächlich das Potenzial dieser Aktien für sehr gut einschätzt (*Krimphove*, KritV 2007, 425 ff.; *Krimphove*, KritV 2018, 56 ff.).

244 **3. Legitime Missbrauchshandlungen.** Wie im Insiderrecht kennt auch das Recht der Marktmanipulation **Legitimierungstatbestände** (Art. 13 MAR). Diese nehmen marktmanipulative Handlungen i. S. d. Art. 12 MAR vom Verbotstatbestand des Art. 15 MAR aus.

245 Den Inhalt dieser Legitimierungstatbestände legt nach Art. 13 Abs. 2 MAR allerdings die Aufsichtsbehörde selbst fest. Damit kommt einer Verwaltungseinheit die rechtsstaatlich zweifelhafte Befugnis zu, – statt des Gesetzgebers – die Grenzen der Strafbarkeit festzusetzen.

246 **4. Rechtsfolgen.** Die Marktmanipulation verfolgt das Gesetz i. S. d. § 119 Abs. 1 und Abs. 5 WpHG als Straftat und als Ordnungswidrigkeit i. S. d. §§ 120 Abs. 1 Nr. 3, 120 Abs. 15 Nr. 2 WpHG.

> Ob die Verstöße des Insiderrechts und des der Marktmanipulation *„Schutznormen* zugunsten etwa eines einzelnen Anlegers" i. S. d. § 823 Abs. 2 BGB sind oder der Aufrechterhaltung geeigneter Marktverhältnisse dienen und damit keinen individuellen Schadenersatzanspruch begründen können, ist umstritten.

11. Kapitel Die Übernahme börsennotierter Unternehmen

Das Übernahmerecht börsennotierter Unternehmen ist seit dem 1. Januar 2002 mit dem Wertpapiererwerbs- und Übernahmegesetz (**WpÜG**) Bestandteil des Kapitalmarktrechts. Das WpÜG regelt die Ausgestaltung von Angeboten im Rahmen der Übernahme börsennotierter Aktiengesellschaften (§§ 1 ff. AktG) und Kommanditgesellschaften auf Aktien (§§ 278 ff. AktG) (§ 2 Abs. 3 WpÜG). Es bezweckt, die Markttransparenz für den Anleger zu erhöhen, Minderheitsaktionäre zu schützen und unregulierte Übernahmen zu unterbinden. **247**

Die ökonomische Notwendigkeit zur Schaffung eines Übernahmerechts ergibt sich daraus, dass eine Unternehmensübernahme für den Wertpapierinhaber mit erheblichen Nachteilen verbunden sein kann; beispielsweise dann, wenn der Erwerber die Zielgesellschaft zerschlägt, eigene Verbindlichkeiten auf die Zielgesellschaft überträgt oder Kapital abzieht. Derartige Effekte finden ihre medienwirksame Präsenz insbesondere bei **feindlichen Übernahmen**, d. h. beim Erwerb der Kapitalmehrheit eines Unternehmens gegen den Willen von Management, Aufsichtsrat oder Belegschaft. **248**

In seiner Relevanz ist das WpÜG allerdings dadurch begrenzt, dass es **249**
- nur für Wertpapiere, die zum regulierten Markt zugelassen sind, und
- auf Angebote, die an einen unbestimmten Adressatenkreis gerichtet sind (sog. öffentliche Angebote),

anzuwenden ist.

Auf den **Freiverkehr** findet das WpÜG ebenso wenig Anwendung wie auf **individuelle Angebote** des Bieters an einen Wertpapierinhaber. **250**

Zu den zentralen Regelungen des WpÜG zählen die Regelungen zum Angebotsverfahren (§§ 10–28 WpÜG) und zum Ausschluss von Minderheitsaktionären (§§ 39a ff. WpÜG). Sie werden im Nachfolgenden thematisiert. **251**

I. Systematisierung: Einfaches Erwerbsangebot, Übernahmeangebot und Pflichtangebot

252 Das WpÜG differenziert in seiner Regelungssystematik zwischen den drei Angebotstypen des
- einfachen Erwerbsangebots,
- Übernahmeangebots und
- Pflichtangebots (§ 2 Abs. 1 WpÜG).

253 Diese unterscheiden sich danach, ob der Bieter mit seinem Angebot die Kontrolle über die Zielgesellschaft erzielen will. Von der Kontrolle geht das WpÜG dann aus, wenn der Bieter 30 % der Stimmanteile der Zielgesellschaft erwirbt (§ 39 Abs. 2 WpÜG). Zielt der Bieter auf den Erwerb einer Beteiligung unter der Kontrollschwelle ab, ist der Bieter zur Abgabe eines **einfachen Erwerbsangebots** verpflichtet. Einschlägig für das einfache Erwerbsangebot sind die §§ 10–28 WpÜG.

254 Zielt der Bieter darauf ab, mit seinem Angebot die Kontrolle über die Zielgesellschaft zu erlangen, verpflichtet das WpÜG den Bieter zur Abgabe eines **Übernahmeangebots**. Anzuwenden auf das Übernahmeangebot sind neben den §§ 10–28 WpÜG ebenfalls die §§ 29–34 WpÜG.

> Keines Übernahmeangebots bedarf es, wenn der Bieter die Kontrollschwelle bereits überschritten, und seine Beteiligung lediglich aufstocken möchte (z. B. von 30 % auf 35 %). In diesen Fällen hat der Bieter ein einfaches Erwerbsangebot zu erstellen.

255 Das **Pflichtangebot** zielt ebenfalls auf die Übernahme der Kontrolle. Im Unterschied zum Übernahmeangebot ist die Kontrollschwelle beim Pflichtangebot allerdings durch schrittweisen Zukauf erfolgt. Das heißt, der Bieter hat vorher kein Übernahmeangebot abgegeben. Erreicht der Bieter nun die Kontrollschwelle von 30 %, verpflichtet ihn dies dazu, allen Aktionären ein Erwerbsangebot zu unterbreiten (§ 35 Abs. 2 WpÜG). Diese Pflicht dient dem Anlegerschutz. Es soll Minderheitsaktionäre in die Lage versetzen, bei einem Kontrollwechsel die Gesellschaft verlassen zu können.

I. Systematisierung: Einfaches Erwerbsangebot, Übernahmeangebot und Pflichtangebot

In der Praxis umgehen die Bieter die Pflicht zum Pflichtangebot, indem sie den Inhabern zunächst ein Übernahmeangebot machen, das kurz über der 30 %-Schwelle angesetzt ist. Hiernach können die Bieter ihre Beteiligung beliebig aufstocken. „Aufstockungsangebote" sind einfache Erwerbsangebote.

Tab. 17: Charakteristika der Angebotsarten des WpÜG

	Freiwilligkeit des Angebots	Ausrichtung auf Erwerb Stimmrechtsmehrheit (mind. 30 %)	Einschlägige Normen des WpÜG
Einfaches Angebot	(+)	(−)	§§ 10–28 WpÜG
Übernahmeangebot	(+)	(+)	§§ 10–28 WpÜG; §§ 29–34 WpÜG
Pflichtangebot	(−)	(+)	§§ 10–28 WpÜG; §§ 29–34 WpÜG; §§ 35–39 WpÜG

Für das Pflichtangebot und das Übernahmeangebot schreibt das WpÜG dem Bieter den Erwerbspreis der Wertpapiere/Angebotspreis indirekt vor (§§ 39, 31 WpÜG) (sog. Mindestpreisregelung). Gemäß § 31 Abs. 1 WpÜG hat der Bieter den Aktionären der Zielgesellschaft eine **angemessene Gegenleistung** anzubieten. Zur Beurteilung der Angemessenheit dient der durchschnittliche Börsenkurs der Aktien der Zielgesellschaft (§§ 5, 6 WpÜG-AngebotsVO) und jener Preis, den der Bieter und mit ihm handelnde Personen für die Wertpapiere der Zielgesellschaft gezahlt haben (sog. Vorerwerbspreis). Gemäß § 31 Abs. 1 WpÜG muss der Preis mindestens dem höchsten Vorerwerbspreis, den der Bieter innerhalb der letzten sechs Monate vor der Veröffentlichung der Angebotsunterlagen an Aktionäre gezahlt hat, und dem durchschnittlichen Börsenkurs der letzten drei Monate vor Veröffentlichung der Entscheidung zur Angebotsabgabe entsprechen. Auf das einfache Erwerbsangebot ist die Mindestpreisregelung nicht anzuwenden. Der Bieter kann den Angebotspreis frei festlegen.

256

II. Der Ablauf des Angebotsverfahrens

257 Zu den zentralen Inhalten des WpÜG zählen die Regelungen zum Angebotsverfahren (§ 10–28 WpÜG). Das WpÜG schreibt dem Bieter explizit vor, wie er dem Anleger ein Angebot zu unterbreiten hat. Das **Angebotsverfahren** lässt sich in die vier aufeinanderfolgenden Phasen
- der Entscheidung des Bieters zur Angebotsabgabe (§ 10 WpÜG),
- des öffentlichen Angebots (§ 11 WpÜG),
- der Stellungnahme der Zielgesellschaft (§ 27 WpÜG) und
- der Annahme des Angebots zusammen (§ 16 WpÜG)

einteilen.

258 Es gilt grundsätzlich für alle drei Angebotsarten gleich. Die Standardisierung des Angebotsverfahrens dient dazu, die Angebotstransparenz zu erhöhen und die Wertpapierinhaber vor unfairen Angeboten zu schützen.

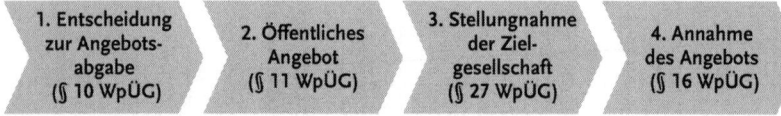

Abb. 7: Phasen beim Angebotsverfahren

259 **1. Die Entscheidung zur Angebotsabgabe (§ 10 WpÜG).** Gemäß § 10 WpÜG hat der Bieter seine Entscheidung zur Abgabe eines Angebots unverzüglich der BaFin und der Börsengeschäftsführung, auf deren Börse die Wertpapiere gehandelt werden, mitzuteilen, die Entscheidung im Internet zu veröffentlichen und nach der Veröffentlichung dem Vorstand der Zielgesellschaft die Entscheidung schriftlich mitzuteilen. Die **Veröffentlichungspflicht** dient der Verhinderung von Insidergeschäften.

260 **2. Das öffentliche Angebot (§ 11 WpÜG).** Nachdem der Bieter seine Entscheidung zur Angebotsabgabe veröffentlicht hat, muss er innerhalb von vier Wochen Angebotsunterlagen der BaFin zur Prüfung übermitteln und nach deren Gestattung unverzüglich im Internet und im Bundesanzeiger veröffentlichen und der Zielgesellschaft übersenden (§ 14 WpÜG).

261 Inhaltlich muss das Angebot enthalten:
- Name oder Firma und Anschrift oder Sitz sowie, wenn es sich um eine Gesellschaft handelt, die Rechtsform des Bieters,
- Firma, Sitz und Rechtsform der Zielgesellschaft,

- die Wertpapiere, die Gegenstand des Angebots sind,
- Art und Höhe der für die Wertpapiere der Zielgesellschaft gebotenen Gegenleistung,
- die Höhe der für den Entzug von Rechten gebotenen Entschädigung nach § 33b Abs. 4,
- die Bedingungen, von denen die Wirksamkeit des Angebots abhängt,
- den Beginn und das Ende der Annahmefrist.

Das Angebot des Bieters ist bindend. Ausnahmen lässt das Gesetz nur zu, wenn der Bieter Änderungen zugunsten des Lieferanten vornimmt (§ 21 WpÜG). Der Bieter kann (§ 21 Abs. 1 WpÜG): **262**
- die Gegenleistung erhöhen,
- eine vorteilhaftere Gegenleistung anbieten,
- den Mindestanteil oder die Mindestzahl der Wertpapiere oder den Mindestanteil der Stimmrechte, von dessen Erwerb der Bieter die Wirksamkeit seines Angebots abhängig gemacht hat, verringern oder
- auf Bedingungen verzichten.

Aktionäre, die das „alte" Angebot angenommen haben, haben die Möglichkeit von dem Vertrag bis zum Ablauf der Annahmefrist zurückzutreten (§ 21 WpÜG).

3. Die Stellungnahme der Zielgesellschaft (§ 27 WpÜG). Nach dem Eingang der Angebotsunterlagen haben der Vorstand und der Aufsichtsrat eine begründete **Stellungnahme** zum Angebot zu veröffentlichen (§ 27 Abs. 1 WpÜG). Die Stellungnahme können Vorstand und Aufsichtsrat getrennt oder gemeinsam verfassen. Die Stellungnahme dient zur Entscheidungsfindung des Angebotsadressaten. Die Stellungnahme muss auf **263**
- die Art und Höhe der angebotenen Gegenleistung,
- die voraussichtlichen Folgen eines erfolgreichen Angebots für die Zielgesellschaft, die Arbeitnehmer und ihre Vertretungen, die Beschäftigungsbedingungen und die Standorte der Zielgesellschaft und
- die vom Bieter mit dem Angebot verfolgten Ziele (§ 27 Abs. 1 WpÜG)

eingehen.

Sind die Mitglieder des Vorstands oder des Aufsichtsrats der Zielgesellschaft Inhaber von Wertpapieren derselben, muss die Stellungnahme ebenfalls Informationen darüber enthalten, ob die Mitglieder beabsichtigen, das Angebot anzunehmen. **264**

4. Annahme des Angebots (§ 16 WpÜG). Das Angebotsverfahren endet mit der **Annahme des Angebots.** Die in den Angebotsunterlagen fixierte Annahmefrist **265**

darf frühestens vier Wochen nach Veröffentlichung der Angebotsunterlagen enden und darf höchstens zehn Wochen ausmachen (§ 16 Abs. 1 WpÜG). Verändert der Bieter das Angebot innerhalb der letzten zwei Wochen der ursprünglichen Angebotsfrist, verlängert sich diese Frist um zwei Wochen (§ 21 Abs. 5 WpÜG).

III. Feindliche Übernahme und Squeeze Out

266 In der Praxis ist es üblich, ein Unternehmen durch den Erwerb der Mehrheit seiner Aktien zu erwerben. Diesem Eigentumswechsel können grundsätzlich die Arbeitnehmer, Anleger oder das Management nicht widersprechen.

Tab. 18: Liste feindlicher Übernahmen

Jahr	Unternehmen
a) Deutschland	
1990	Continental AG durch Pirelli (gescheitert)
1992	Hoesch AG durch Friedrich Krupp AG
2000	Mannesmann AG durch Vodafone Group
2001	FAG Kugelfischer durch INA Schaeffler
2004	Aventis durch Sanofi
2005	HypoVereinsbank durch Unicredit Bank
2006	Schering AG durch Merck KGaA (gescheitert)
2006/07	Techem durch Macquarie
2008	Continental AG durch Schaeffler KG
2010	Hochtief durch Grupo ACS
2015	Deutsche Wohnen durch Vonovia (gescheitert)
b) International	
1999	Paribas durch BNP (Frankreich)
2000	Elf Aquitaine durch TotalFina (Frankreich)
2004	PeopleSoft durch Oracle (USA)
2005	BPB durch Saint Gobain (Großbritannien)
2006	Arcelor durch Mittal (Frankreich/Luxemburg)
2007	ABN Amro durch ein Konsortium aus RBS, Fortis und Banco Santander (Niederlande)
2014	Sika AG durch Saint Gobain (Schweiz/Frankreich) (gescheitert)

III. Feindliche Übernahme und Squeeze Out

267 Das deutsche Recht untersagt sämtliche Verhinderungsmaßnahmen durch den Vorstand. Es belegt diese sogar mit **Bußgeld** (§§ 33, 60 Abs. 1 Nr. 8 WpÜG). Angebote von weiteren Bietern (Konkurrenten) (sog. **Weiße Ritter**) sind im Interesse der Gesellschaft und deren Aktionären (§ 22 WpÜG) möglich.

Ein Beispiel für einen „Weißen Ritter" liefert die Übernahme des Pharmaunternehmens Schering im Jahr 2006 durch die Bayer AG anstatt durch den Pharmakonzern Merck KGaA. Die Merck KGaA machte im Jahr 2006 den Aktionären der Schering AG ein Angebot zum Erwerb deren Aktien. Der Vorstand der Schering AG lehnte dieses Angebot jedoch als unzureichend ab, woraufhin die Bayer AG („Weißer Ritter") den Aktionären ebenfalls ein Angebot unterbreitete. Dieses lag mit 86 € je Aktie weit über dem Angebot der Merck KGaA. Die Bayer AG gewann den Bieterkampf, woraufhin Schering am 29. Dezember 2006 mit dem Pharmageschäft der Bayer AG zur Bayer Schering Pharma AG verschmolz.

268 Allerdings können Aktionäre den Aktienerwerb dem übernehmenden Unternehmen dadurch erschweren, dass sie den Aktienpreis weit über deren Kurswert treiben. Auch andere Vereinbarungen über Zugeständnisse des übernehmenden Unternehmens (sog. Zielgesellschaft) an das übernommene Unternehmen (Standorterhalt etc.) sind möglich. Führungskräfte sichern sich oft in ihren Anstellungsverträgen mit der zu übernehmenden Gesellschaft eine hohe Abfindungssumme für den Fall, dass die Übernahme ihres Unternehmens ihren Arbeitsplatz überflüssig macht (sog. **Goldener Fallschirm**).

269 Arbeitnehmer sind demgegenüber nur durch den zwischen Unternehmensleitung und Betriebsrat zu vereinbarendem **Interessenausgleich** und **Sozialplan** vor den Folgen der Übernahme gesichert (§§ 111, insbes. 112, 112a, 113 BetrVG).

270 Aktientechnisch können sich Aktionäre in der Weise zusammenschließen, um durch die nun entstehende Aktienmehrheit eine Übernahme dauerhaft zu verhindern. Hier könnten sie gegen die Mehrheit der (verkaufswilligen) Aktionäre eine, u. a. auch wirtschaftlich notwendige Unternehmensübernahme verhindern. Um eine Unternehmensübernahme dennoch zugunsten des Willens der Aktionärsmehrheit – und entgegen dem erklärten Willen einiger Aktionäre – zuzulassen, können diese allerdings zum Verkauf Ihrer Aktien an das übernehmende Unternehmen gezwungen werden (sog. *Squeeze Out*, §§ 39a ff. WpÜG).

11. Kapitel   Die Übernahme börsennotierter Unternehmen

271 Den Interessenkonflikt zwischen der übernahmewilligen Mehrheit der Aktionäre einerseits und übernahmeablehnenden Aktionären regelt § 39a WpÜG, §§ 327a–327f AktG im Einzelnen:

Tab. 19: Interessenkonflikte bei der Unternehmensübernahme

Mehrheit der Aktionäre pro Übernahme	Minderheitsaktionäre (contra Übernahme)	Abfindungs-Berechnung
bei Mehrheit von 95 % (§ 39a WpÜG); Nur bei Mehrheit v. 95%; Berechnung nach § 16 Abs. 2 und 4 AktG	Ausschluss aus der Gesellschaft nur gegen angemessene Abfindung (§ 327a AktG, § 39a WpÜG)	Kompensation der Verluste der Minderheitsaktionäre (§ 39a WpÜG) (siehe BVerfG, Beschl. v. 30.5.2007 – 1 BvR 390/04 = NJW 2007, 3268; auch BGH BB 2005, 2651) § 320b Abs. 1 Satz 3 Akt, Richtschnur: Börsenkurs; ø-Kurs der letzten drei Monate; im Einzelfall auch *Discounted Cash-Flow*, od. andere Verfahren mögl., gerichtl. überprüfbar: § 327f AktG i. V. m. § 2 SpruchG.

12. Kapitel Investmentrecht

Ein Sonderanwendungsgebiet des Kapitalmarktrechts ist das Investmentrecht (oder das **Kapitalanlage-Fonds-Recht**). Das Investmentrecht ist ein relativ junges Rechtsgebiet. Es dient insbesondere dem **Schutz des Anlegers** bzw. seiner Investition in Fonds. **272**

Fonds sind – ähnlich Aktien – (Gesellschafts)anteile nicht an einer Gesellschaft, sondern an einem **(Sonder-)Vermögen**, eben den Fonds. Der Anleger zahlt einen bestimmten Geldbetrag der Fonds-Gesellschaft ein, damit diese seinen Geldbetrag ordnungsgemäß verwaltet und gewinnbringend anlegt. Der Anleger erhält für das Zurverfügungstellen seines Geldes eine Rendite seitens der Fondsgesellschaft. Damit die Fondsgesellschaften insbesondere der Unternehmensfinanzierung dienen können, leiten sie das ihnen durch den Anleger anvertraute Geld anderen Unternehmen und deren Wirtschaftstätigkeit zu. **273**

Je nach der durch die Fondsgesellschaft unterstützten wirtschaftlichen Tätigkeit des anderen Unternehmens lassen sich bestimmte **Fonds-Typen** unterscheiden: **274**

Tab. 20:   Fondstypen

Fonds-Typ	Investition
Aktienfonds	in Anteile (Gewinn und Teilhaberrechte = Aktie) an einem Unternehmen
Regional-, Inland- bzw. Auslandsfonds	in regionale, inländische bzw. ausländische Unternehmen
Emerging-Markets-Fonds	vorwiegend in Aktien v. Unternehmen in Schwellenländern
Rentenfonds	in verzinsliche Wertpapiere, mit i. d. R. langfristiger Laufzeit, wie Staatsanleihen, Unternehmensanleihen
Geldmarktfonds	in verzinsliche Wertpapiere (i. d. R. mit kurzer Laufzeit)
Branchenfonds	in Unternehmen eines einzelnen Geschäftsfeldes (Energie, Logistik, Maschinenbau, Fischerei etc.)
Immobilienfonds	in verschiedene Immobilien (Grundstücke/Grundwerte) und deren Nutzung, etwa: Hotels, Bürogebäude, Einkaufszentren, Fabrikhallen, Wohnungen etc.

Fonds-Typ	Investition
Rohstofffonds	da Rohstoffe (Ausnahme Edelmetalle) selbst schwer für die Investmentgesellschaft zu verwahren sind, **indirekte Investition** in Finanzprodukte (Term.-Geschäfte, Futures), Aktien v. rohstoffproduzierenden Unternehmen, die den Handel/Erwerb mit bzw. von Rohstoffen unterstützen
Nachhaltigkeitsfonds	in Produkte, Produktionsweisen od. Dienstleistungen, die besonders die 17 UN-Nachhaltigkeitsziele, etwa: 1. Keine Armut, 3. Gesundheit und Wohlergehen, 4. Hochwertige Bildung, 5. Geschlechter-Gleichheit, 6. Sauberes Wasser und Sanitäreinrichtungen, 7. Bezahlbare und Saubere Energie, 9. Industrie, Innovation, Infrastruktur, 12. Nachhaltiger Konsum und Produktion, 13. Maßnahmen zum Klimaschutz, 16. Frieden, Gerechtigkeit und starke Institutionen, berücksichtigen.
Mischfonds	in Kombinationen unterschiedl. Fonds-Typen. Damit sind sie bzgl. der wirtschaftl. Entwicklung anpassungsfähig.

275 Zudem ist zwischen **offenen** und **geschlossenen Fonds** zu differenzieren. Unter einem offenen Fonds versteht man einen Fonds, bei denen die Anleger ihre Fondsanteile jederzeit an die Fonds-Gesellschaft zurückgeben können. Bei geschlossenen Fonds besteht keine Rücknahmepflicht der Fonds-Gesellschaft.

I. Vorteile für den Anleger

276 Für den Anleger, insbesondere dem Anleger mit überschaubarem Vermögen, birgt die Anlage seines Geldes in Fonds folgende Vorteile:
- Der Anleger profitiert von den **Gewinnen**, die die Fonds-Gesellschaft mit Hilfe seines investierten Vermögens erwirtschaftet.
- Anleger können auch mit **kleineren Beiträgen** in Bereichen investieren, die für sie sonst zu hochpreisig wären, siehe insbes.: Immobilien, Rohstoffe.
- Zu keiner Zeit müssen sie sich um die, oft komplexe, aufwendige und Fachkenntnisse voraussetzende Verwaltung ihres Vermögens selbst kümmern. Dies übernimm die Investmentgesellschaft (siehe; Mischfonds, Aktien-, Geldmarkt-, Renten und Immobilienfonds).
- Immer wichtiger wird es dem Anleger, durch sein Investment bestimmte Wirtschaftszweige und ausgesuchte Geschäftsbereiche von Unternehmen zu **fördern** (siehe: insbesondere Nachhaltigkeits-, Aktien- bzw. Branchenfonds).

I. Vorteile für den Anleger

- Der einzelne Anleger unterliegt i. d. R. – im Unterschied zur Direktinvestition in Aktien und Derivaten – weniger dem Risiko, **extremen Kursschwankungen** ausgesetzt zu sein. Denn sein angelegtes Vermögen ist lediglich ein Bestandteil des Fonds-Gesamt-Vermögens, so dass eine Streuung seines eigenen Risikos eintritt (sog. **Risikodiversifizierung**). Fondsanteile sind selber nicht so spekulativ handelbar wie Aktien oder deren Derivate. Zudem verwalten den Fonds i. d. R. Experten, die – insbesondere bei Mischfonds – Kurseinbrüche eines Fonds-Bestandteils durch professionelle Strategien ausgleichen (hedgen) können.

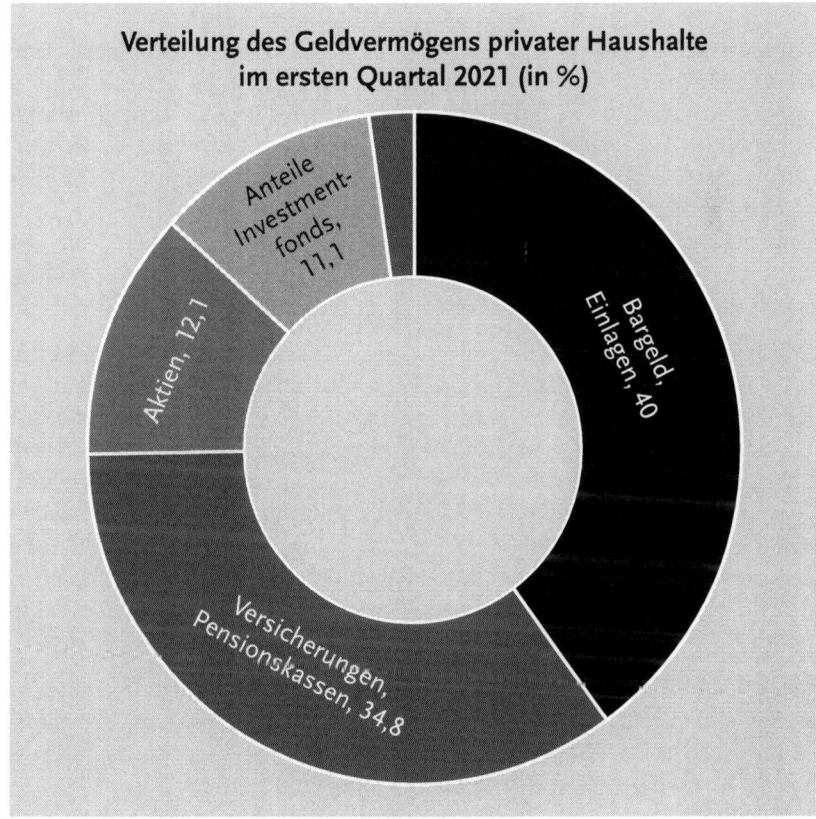

Abb. 8: Verteilung des Geldvermögens privater Haushalte in Deutschland im ersten Quartal 2021

II. Nachteile für den Anleger

277 Aufgrund der obigen Vorteile und insbesondere der **unternehmensfinanzierenden Wirkung** der Fonds-Investments förderte der deutsche Gesetzgeber seit dem Dritten Finanzmarktförderungsgesetz die Anlage in Fonds, um speziell **kleinen und mittelgroßen Unternehmen** (KMU) verstärkt eine Finanzierungsmöglichkeit zu eröffnen. Zu diesem Zweck hat die Deutsche Börse am 10. März 1997 eigens ein neues Segment, nämlich den *„Neuen Markt"*, ins Leben gerufen.

278 Dennoch ist das Investment in Fonds für den Anleger **nicht ungefährlich**: Fonds können zwar Kursschwankungen einzelner Branchen zuverlässig kompensieren, gegenüber **wirtschaftlichen Einbrüchen** sind sie allerdings machtlos. Hier partizipiert der einzelne Anleger bzw. dessen Vermögen an der wirtschaftlichen Notsituation. Auch eine einseitige Finanzierung von nicht oder nicht mehr lukrativen Produkten oder – wie in der **Immobilienkrise** – die Überfinanzierung einzelner Märkte, deren Produkte dann nicht mehr dem Verkaufs- oder Handelswert entsprechen, führen zu erheblichen Krisen der Fondsgesellschaften, ihres Vermögens und mithin des Anlegers.

279 Der anfänglichen Fonds-Euphorie ist speziell nach der *„DotCom"-Krise* im Jahre 2000 und insbesondere der *„US-amerikanischen Immobilienkrise"* im Jahr 2007, aber auch seit dem Betrugsskandal „Madoff" aus dem Jahre 2008 die Einsicht gewichen, dass auch Kapitalanlagegesellschaften – bzw. in der Terminologie des § 17 KAGB Kapitalverwaltungsgesellschaften – in Produkte, wie etwa Medientechnik, Immobilienkredite und Hypotheken investieren, deren wirtschaftlicher Wert sich auf die Dauer nicht als zuverlässig erweist. Aufgrund der erheblichen Risiken und Verluste der Anleger schloss die Deutsche Börse den *Neuen Markt* bereits am 5. Juni 2003 (siehe 📖 → Anhang 1 Dax-Entwicklung 1971-2021 und Kapitalmarktkrisen).

280 Diese Gefahren erkannte der europäische Gesetzgeber und erließ frühzeitig die
- Richtlinie 85/611/EWG des Rates vom 20. Dezember 1985 zur Koordinierung der Rechts- und Verwaltungsvorschriften betreffend bestimmte Organismen für gemeinsame Anlagen in Wertpapieren (OGAW I) und die
- Richtlinie 2011/61/EU des Europäischen Parlaments und des Rates vom 8. Juni 2011 über die Verwalter alternativer Investmentfonds und zur Änderung der Richtlinien 2003/41/EG und 2009/65/EG und der Verordnungen (EG) Nr. 1060/2009 und (EU) Nr. 1095/2010 (AIFM-Richtlinie).

II. Nachteile für den Anleger

Speziell die OGAW-Richtlinie änderte der europäische Gesetzgeber mehrfach **281** erheblich und ersetzte sie letztlich durch die aktuelle OGAW IV-Richtlinie.
- Richtlinie 2009/65/EG des Europäischen Parlaments und des Rates vom 13. Juli 2009 zur Koordinierung der Rechts- und Verwaltungsvorschriften betreffend bestimmte Organismen für gemeinsame Anlagen in Wertpapieren (OGAW IV),
- Richtlinie 2013/14/EU des Europäischen Parlaments und des Rates vom 21. Mai 2013 zur Änderung der Richtlinie 2003/41/EG über die Tätigkeiten und die Beaufsichtigung von Einrichtungen der betrieblichen Altersvorsorge, der Richtlinie 2009/65/EG zur Koordinierung der Rechts- und Verwaltungsvorschriften betreffend bestimmte Organismen für gemeinsame Anlagen in Wertpapieren (OGAW) und der Richtlinie 2011/61/EU über die Verwalter alternativer Investmentfonds im Hinblick auf übermäßigen Rückgriff auf Ratings.

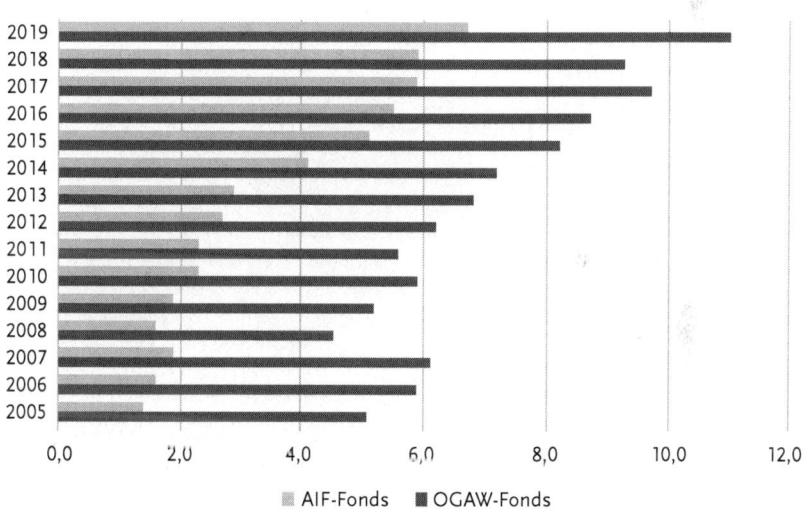

Abb. 9: Verwaltetes Vermögen von Investmentfonds in Europa

* = Österreich, Belgien, Bulgarien, Kroatien, Zypern, Tschechien, Dänemark, Finnland, Frankreich, Deutschland, Griechenland, Ungarn, Irland, Italien, Liechtenstein, Luxemburg, Malta, Niederlande, Norwegen, Polen, Portugal, Rumänien, Slowakei, Slowenien, Spanien, Schweden, Schweiz, Türkei, Großbritannien

III. Das KAGB

282 Mit Wirkung zum 22. Juli 2013 setzte der deutsche Gesetzgeber die Richtlinie 2011/61/EU (AIFM-Richtlinie) im **Kapitalanlagegesetzbuch** (KAGB) um.

283 Das Investmentrecht des KAGB vereint Aspekte der Ermöglichung von Unternehmensfinanzierungen mit der Minimierung von finanzmarktrechtlichen **Risiken, mit gesellschafsrechtlichen Elementen.** Die dem Investmentgeschäft zugrunde liegende Idee ist denkbar simpel, wenngleich ihre Ausführung im KAGB einen komplizierten Ausdruck gefunden hat: Kapital- bzw. Investmentgesellschaften **bündeln** – zum Zweck der Risikominimierung durch das Kollektiv – Gelder vieler Anleger in einem Sondervermögen, auch Fonds genannt, um diese Gelder für die gemeinschaftliche Rechnung der Anleger fachgerecht und damit gewinnbringend für den Anleger anzulegen bzw. zu verwalten.

284 Um diesen Zweck zu gewährleisten, schafft das KAGB zahlreiche **Funktionseinheiten** (Kapitalverwaltungsgesellschaften [KVG], externe KVG, Verwahrstelle, Anleger), die sich zudem in ihrer Aufgabenerfüllung gegenseitig kontrollieren.

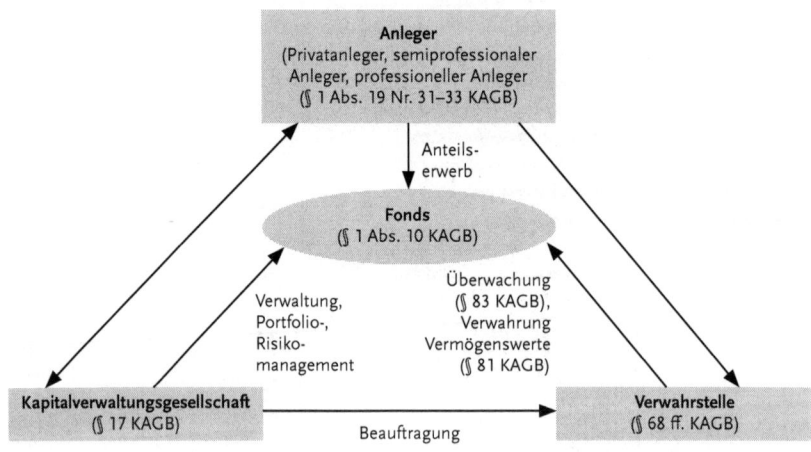

Abb. 10: Investmentdreieck

285 Die **Kapitalverwaltungsgesellschaften (KVG)** bilden aus den Beiträgen ihrer Mitglieder das Investmentvermögen bzw. das **Sondervermögen** des Fonds (§§ 92 ff. i. V. m. 1 Abs. 10 KAGB), um dieses Kapital anderen Unternehmen

III. Das KAGB

gegen Entgelt zur Verfügung zu stellen. Das Investmentvermögen ist dabei nur eine ideelle und keine unternehmerische, organisatorische oder gesellschaftsrechtliche Einheit (§ 1 Abs. 1 Satz 1, 2. Halbsatz KAGB). Somit kann es mit der KVG zusammenfallen und diese selber darstellen (**interne KVG**). Das Investmentvermögen kann die KVG aber auch als von ihm gesonderte organisatorische Einheit zu dessen Verwaltung bestellen (**externe KVG**) (§ 17 Abs. 2, § 1 Abs. 11, Abs. 12 und Abs. 13 KAGB).

Externe KVG müssen die Rechtsform einer AG, GmbH oder GmbH & Co. KG aufweisen (§ 18 Abs. 1 KAGB).

Die KVG hat eine **Verwahrstelle** zu beauftragen, die das Investmentvermögen verwaltet und verwahrt (§§ 68, 80 KAGB). Die Verwahrstelle dient dem Anlegerschutz, indem sie verhindert, dass Vermögensgegenstände des Sondervermögens verschwinden bzw. beschädigt werden. Ferner hat sie das Sondervermögen zu überwachen. **286**

In der Praxis sind Verwahrstellen insbesondere Kreditinstitute und Wertpapierfirmen, aber auch Wirtschaftsprüfungsgesellschaften.

Im Unterschied zu dem bis 2013 geltenden Investmentgesetz (InvG) differenziert das KAGB hinsichtlich eines besonderen **Anleger-Schutzbedürfnisses** zwischen **287**
- *Privatanlegern* (§ 1 Abs. 19 Nr. 31 KAGB),
- *professionellen Anlegern* (§ 1 Abs. 19 Nr. 32 KAGB) und
- *semi-professionellen Anlegern* (§ 1 Abs. 19 Nr. 33 KAGB).

Professionelle Anleger sind (§ 1 Abs. 19 Nr. 32 KAGB) alle im Anhang II der Richtlinie 2014/65/EU angeführten professionellen Kunden. Dazu zählen insbesondere Versicherungen, Banken und Regierungen. **288**

Semi-professionelle Anleger sind **289**
- Anleger, die mindestens 200.000 € investieren, schriftlich bestätigen, dass sie sich der Risiken des Investments bewusst sind und denen die KVG bestätigt hat, dass sie über ausreichend Sachverstand und Erfahrung verfügen,
- Anleger, die bei der KVG eine leitende Position bekleiden,
- Anleger, die mindestens 10 Mio. € investieren und
- Stiftungen und Anstalten des öffentlichen Rechts (§ 1 Abs. 19 Nr. 33 KAGB).

290 **Privatanleger** sind die übrigen, verbleibenden Anleger, d. h. Anleger, die weder professionelle, noch semi-professionelle Anleger sind (§ 1 Abs. 19 Nr. 31 KAGB).

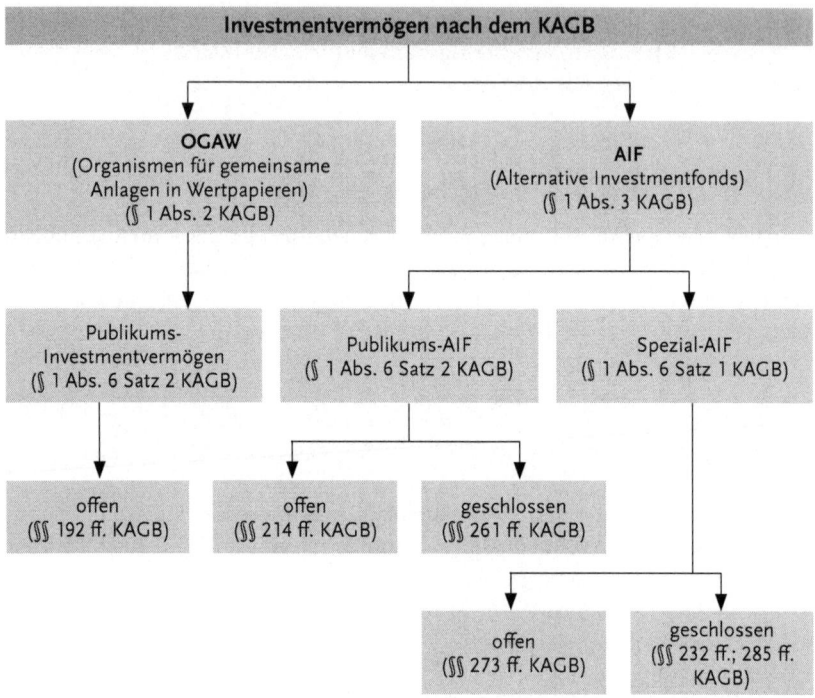

Abb. 11: Klassifizierung des Investmentvermögens

291 Die OGAW-Kapitalverwaltungsgesellschaft entspricht damit einem Wertpapierfonds (bzw. einem Aktien-, Renten- oder Geldmarktfonds). Die AIF-Kapitalverwaltungsgesellschaften sind alle Investmentfonds, die nicht OGAW sind (§ 1 Abs. 3 KAGB), d. h. die nicht in Wertpapiere, sondern in alle anderen Güter oder Dienstleistungen investieren. Da die Tätigkeit und das Risiko beider sehr unterschiedlich sind, bedarf der Geschäftsbetrieb einer OGAW-Kapitalverwaltungsgesellschaft nach § 20 Abs. 1 KAGB der **Erlaubnis** der BaFin. AIF-Kapitalverwaltungsgesellschaften muss die BaFin lediglich **registrieren** (§ 44 Abs. 1 Nr. 1 KAGB).

Die AIF-Kapitalverwaltungsgesellschaft muss allerdings zum Schutz der Anleger im **Verkaufsprospekt** und den wesentlichen Anlegerinformationen die Anleger an hervorgehobener Stelle darüber informieren, dass sie nicht über eine Erlaubnis verfügt und dass sie einzelne Anforderungen des KAGB nicht einhalten muss (§ 2 Abs. 5 Nr. 7 KAGB).

292

Zu den wesentlichen, von der AIF-Kapitalverwaltungsgesellschaft nicht einzuhaltenden Anforderungen zählen:

293

- AIF-Kapitalverwaltungsgesellschaften dürfen ihre Anteile nur an professionelle und semiprofessionelle Anleger, nicht aber Privatanleger verkaufen (§ 2 Abs. 4 KAGB).
- Nur OGAW-Kapitalverwaltungsgesellschaften müssen ein bestimmtes Anfangskapital stellen (im Fall der internen Verwaltung 300.000 €, bei externer Verwaltung 125.000 €).
- Nur OGAW-Kapitalverwaltungsgesellschaften bedürfen eines Risikomanagementsystems und eines Liquiditätsmanagementsystems für jedes verwaltete Vermögen.
- Die Pflicht zu einer Verwahrstelle gilt für AIF-Kapitalverwaltungsgesellschaften nur unter den in § 2 Abs. 5 Satz 2 KAGB aufgeführten Voraussetzungen.
- Auch die Überwachung der AIF-Kapitalverwaltungsgesellschaft durch die BaFin findet nicht jährlich statt (§ 2 Abs. 5 KAGB).
- Die Überwachungsanforderungen sind gegenüber denen der OGAW-Kapitalverwaltungsgesellschaft geringer, da sie bei der AIF-Kapitalverwaltungsgesellschaft nur die Jahresabschlüsse und die Lageberichte der verwalteten Fonds umfassen (§ 2 Abs. 5 KAGB).

Hinsichtlich ihrer geschäftlichen Aktivitäten am Kapitalmarkt unterliegen beide Einrichtungen denselben Aufsichtsregelungen, insbesondere denen des WpHG. Siehe zu den Aufgaben der AIF https://www.hansetrust.de/wp-content/uploads/2020/03/funktion-kvg-nach-kagb-fuer-aifs_.pdf <Stand: 8.2.2022>.

294

13. Kapitel Das Aufsichtsrecht über Banken, Kreditinstitute, Finanzdienstleister und Börsen

295 Die oben wiedergegebenen vielfältigen Aktivitäten der Banken, Kreditinstitute, Finanzdienstleister und Börsen bewegen erhebliche Vermögen und sind deswegen gefährlich nicht nur für den einzelnen Anleger, sondern auch für ganze Wirtschaftszweige oder den Kapitalmarkt selber. Fehlhandlungen einzelner Banken, Kreditinstitute und Finanzdienstleister führen oft zu erheblichen Krisen, die einschneidende Folgen auf die wirtschaftliche Entwicklung haben.

DAX-Entwicklung von 1971 bis 2021

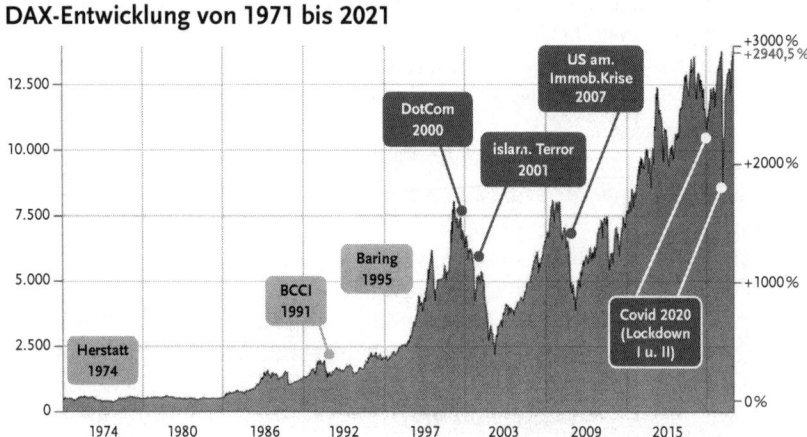

Abb. 12: DAX-Entwicklung von 1971–2021 und Kapitalmarktkrisen (siehe auch 📖 → Anhang 1)

296 Die Krisenanfälligkeit verstärkt noch die **Abstraktheit** und Undurchschaubarkeit der Banken- und Finanzdienstleistungsgeschäfte (siehe Vorwort). Der Eintritt von Risiken oder Mängel dieser Geschäfte sind nicht unmittelbar und einfach vorhersehbar. Sie erscheinen regelmäßig erst dann, wenn der Erwerber das Papier, u. U. für sehr viel Geld, bereits erworben hat. Ein mit unsicheren Papieren Handelnder oder gar ein betrügerischer Vertreiber und Wertpapierdienstleister ist erst dann zu erkennen, wenn der Käufer einen hohen Vermögensschaden bereits realisiert hat. Insofern ist es auch nahezu unmöglich, dass die Nachfrage nach dessen schlechten, zu teuren oder fehlerhaften Leistungen frühzeitig sinkt und ein zu teurer und krimineller Vertreiber rechtzeitig aus dem Markt ausscheiden muss.

I. Das deutsche „Bankenaufsichtsrecht"

Das sog. Bankenaufsichtsrecht enthält überwiegend ordnungsrechtliche Vorschriften des **öffentlichen** Bank- und Kapitalmarktrechts. Insbesondere nach den Banken- und Wirtschaftskrisen seit 1974 hat der internationale Gesetzgeber in seinen „Baseler-Abkommen" (umgangssprachlich Basel I, II und III) den Umfang des Banken- und Kapitalmarktaufsichtsrechts erheblich vervielfältigt. Auch der europäische Gesetzgeber hat zahlreiche europäische Verordnungen – also unmittelbar in den Mitgliedstaaten geltende Regelungen – und deren Änderungen durch bedeutende Richtlinien erlassen (siehe oben Rn. 26, 31 ff.). So insbesondere die 297

- Wertpapier-Instituts-Aufsichts-Richtlinie **IFD** (*Investment Firm Directive*) (Rl 2019/2034),
- Finanzdienstleiter-Beaufsichtigungs-Richtlinie (Rl 95/26/EG) und
- Finanzmarkt-Richtlinie (Rl. 2014/65/EU) (*Markets in Financial Instruments Directive* (**MiFID II**)) und die
- delegierte MiFiD II-Umsetzungs-Richtlinie (Rl 2017/593/EU) bzw. die
- delegierte Verordnung 2017/565/EU,
- Investment-Richtlinie **OGAW** (85/611/EWG),
- Richtlinie 2014/51/EU (**Omnibus** II-Richtlinie),
- Verordnung 575/2013/EU (*Capital Requirement Regulation* (**CRR**)),
- Richtlinie 2013/36 (*Capital Requirement Directive* (**CRD IV**)),
- **EZB**-Verordnung Nr. 468/2014,
- Verordnung (EU) Nr. 1093/2010 (Europäische Bankenaufsichtsbehörde) und
- Verordnung (EU) Nr. 1024/2013 (Aufgabenübertragung auf die EZB)

Neben dem **europäischen Stabilitätssicherungssystem**, das nach Art. 6 Abs. 4 der Verordnung (EU) Nr. 1024/2013 vorwiegend der **Europäischen Zentralbank** (**EZB**) untersteht, umfasst das Bankaufsichtsrecht die nationalen Bankaufsichtsrechte. 298

Generelles **Ziel der Bankenaufsicht** ist es, Umständen entgegenzuwirken, die die Sicherheit der Banken und damit des Kundenvermögens oder/und die ordnungsgemäße Durchführung von Banktransaktionen gefährden und die somit erhebliche Nachteile für die Gesamtwirtschaft herbeiführen können (§ 6 Abs. 2 KWG). Mit dieser Zwecksetzung sichert das deutsche Kreditwesengesetz das notwendige Anleger-Vertrauen, das die Anleger in die Ordnungsgemäßheit und Funktionsfähigkeit des Bank- und Kapitalmarktes setzen. 299

13. Kapitel   Aufsichtsrecht über Banken, Kreditinstitute, Finanzdienstleister und Börsen

300 Zahlreiche – zum Teil sehr einschneidende ordnungsbehördliche Maßnahmen – sieht das KWG vor:

Tab. 21:   Kreditwesen- und Finanzdienstleistungs-Aufsicht nach dem KWG

Maßnahmen der Finanzinstitutsaufsicht	KWG
Generelle Maßnahmen der „Präventiven Aufsicht"	
Melde-, Auskunftspflichten	§ 44 KWG; §§ 13, 13c, 14, 24, 24a, 24b, 25, 26, 26a KWG
Erlaubnisse, Genehmigungen bzw. deren Versagungen	§§ 32 ff. KWG
Eingriffe in die Geschäftstätigkeit	
• **bei eigenkapitalgefährdenden Geschäften u. unlauterer Werbung**	
– Begrenzung qualifizierter Beteiligungen des Instituts an Unternehmen	§ 2c KWG; § 12a KWG; § 2 Abs. 7, 7a, 8, 9a, 9g, 9h KWG
– Begrenzung von Großkrediten	§ 13 Abs. 2 KWG, § 2 Abs. 7, 7a, 8, 8b, 9a, 9g, 9h KWG
– Begrenzungsmöglichkeit von Organkrediten	§ 15 KWG; § 2 Abs. 7 KWG
– Untersagung von Missständen bei der Werbung von Kreditinstituten	§ 23 KWG; § 33 KAGB
• **bei persönl./sachl. Unfähigkeit der Institutsleitung**	
– Aufhebung/Entziehung der Erlaubnis	§ 35 KWG
– Abberufung v. Geschäftsleitern u. Verantwortlichen	§ 36 KWG
• **bei Gefahr der Nichterfüllung der Verpflichtungen gegenüber Gläubigern**	
– Beschränkung/Untersagung der Entnahmen	§ 45 Abs. 2 Nr. 1 KWG
– Beschränkung/Untersagung der Gewinnausschüttung	§ 45 Abs. 5 KWG
– Beschränkung/Untersagung der Kreditgewährung	§ 45 Abs. 2 Nr. 4 KWG
– Untersagen der Ausübung des Stimmrechts der Finanz-Holding-Gesellschaft (§ 45a KWG) bzw. deren Übertragung auf Treuhänder	§ 45a Abs. 2 KWG
– Anweisungen an Geschäftsführung	§ 46 Abs. 1 Nr. 1 KWG
– Untersagen der Annahme von Kunden-Einlagen, -Geldern, -Wertpapieren und Gewährung von Krediten	§ 46 Abs. 1 Nr. 2 KWG
– Untersagen der Ausübung der Geschäftstätigkeit	§ 46 Abs. 1 Nr. 3 KWG
– Erlassung vorübergehender Veräußerungs- und Zahlungsverbote	§ 46 Abs. 1 Nr. 4 KWG
– Anordnung und Schließung des Instituts für den Verkehr mit Kundschaft	§ 46 Abs. 1 Nr. 5 KWG

II. Beaufsichtigung der Finanzdienstleistungsinstitute

Maßnahmen der Finanzinstitutsaufsicht	KWG
– Verbot der Entgegennahme von Zahlungen, die nicht zur Erfüllung der Verbindlichkeiten gegenüber dem Institut bestimmt sind	§ 46 Abs. 1 Nr. 6 KWG
– Einstellen des Geschäftsbetriebes (im Fall fehlender Erlaubnis od. verbotener Geschäfte nach § 3 KWG)	§ 37 Abs. 1 KWG
• bei schwerwiegenden Gefahren für Gesamtwirtschaft	
– Gewährung v. Aufschub zur Erfüllung der Schuld des Kreditinstituts	§ 46g Abs. 1 Nr. 1 KWG
– Völliger Ausschluss des Kundengeschäftsverkehrs	§ 46g Abs. 1 Nr. 2 KWG
– Schließung der Börsen	§ 46g Abs. 1 Nr. 3 KWG

II. Beaufsichtigung der Finanzdienstleistungsinstitute

301 Der deutschen Bankenaufsicht unterstehen nach § 6 Abs. 1 KWG nicht nur Kreditinstitute und Banken (§ 1 Abs. 1 KWG), sondern auch **Finanzdienstleistungsinstitute** (§ 1 Abs. 1b i. V. m. § 1 Abs. 1a KWG).

Die Beaufsichtigung der Finanzdienstleistungsinstitute erfolgt nach den für die Bankenaufsicht geltenden Regeln.

Beispielsfall „Compliance-Beauftragter" **302**

Sachverhalt:
Der zum 1. Januar 2020 offiziell bestellte Compliance-Beauftragte der Alexa-Bank, Herr Ćorić, weigert sich, die Einhaltung der geldwäscherechtlichen Pflichten des Geldwäschebeauftragten zu überprüfen. Als dessen Schwager stehe ihm eine solche Kontrolle nämlich mit Sicherheit nicht zu. Beide Herren werden auch nachts an ihrem Arbeitsplatz angetroffen und nehmen Akten mit nach Hause, wobei sie ihren Arbeitseinsatz auf ihren außerordentlichen Fleiß und ihre Loyalität zu ihrem Arbeitgeber begründen. Aus denselben Gründen weigert sich Herr Ćorić auch, seinen mehrfach verschobenen Jahresurlaub zu nehmen. Gegen Herrn Ćorić läuft zugunsten der Hercegovačka banka (Mostar) seit dem 15. Februar 2021 die Pfändung seines Gehaltskontos bei der Alexa-Bank, da Herr Ćorić vor fünf Wochen bei dieser Bank ein Darlehen aufgenommen hat, dessen Zinsen er nicht bedienen kann.

13. Kapitel Aufsichtsrecht über Banken, Kreditinstitute, Finanzdienstleister und Börsen

Angesprochen auf die oben angegebenen Umstände durch den Geschäftsführer der Alexa-Bank verteidigt sich Herr Čorić mit dem Hinweis, er fühle sich durch das ständige Misstrauen der Geschäftsleitung als Muslim und Serbe diskriminiert. Aus Angst vor einer entsprechenden geschäftsschädigenden Äußerung in der Tagespresse verzichtet der Geschäftsführer auf weitere Maßnahmen.
Was kann die Aufsichtsbehörde BaFin hier unternehmen?

Lösung:
Hier liegt ein offensichtlicher Mangel der „Zuverlässigkeit" (*Krimphove/ Lüke*, Compliance-Berater, 10/2021, 389 ff.; *Krimphove/Lüke*, in: Krimphove [Hrsg.], Kommentar zur MaComp, 2021, S. 669 ff.) des Compliance-Beauftragten C vor. Denn dieser verletzt konsequent seine Pflicht zur Einhaltung von Gesetzten in der Bank. Selbst wenn er eine eigenständige Institution im Verhältnis zum Geldwäschebeauftragten darstellt, kann er sich nicht darauf berufen, dass dieser interne Richtlinien zur Geldwäscheprävention (geheime Nachtarbeit, Verbringen der Akten etc.) offensichtlich umgeht. Die regelmäßige Nachtarbeit mit dem Geldwäschebeauftragten spricht ebenso für den Verdacht von gemeinsam mit diesem begangenen Straftaten, wie das Verbringen von Geschäftsakten nach Hause und das Vermeiden von Urlaub. Zudem scheint C in großen Geldschwierigkeiten zu sein, da er noch nicht einmal die Zinsen eines Kredites bezahlen kann, den er bei einer fragwürdigen Bank, und nicht bei seinem Arbeitgeber, aufgenommen hat.
Im Unterschied zum Geldwäsche- oder Vergütungsbeauftragten ermöglicht § 6 WpHGMaAnzV dem Arbeitgeber, dass dieser zum Nachweis der Zuverlässigkeit des Vertriebs- und Compliance-Beauftragten, Anlageberaters, Vertriebsmitarbeiters und Finanzportfolioverwalters zunächst auf dessen strafrechtliche Unbescholtenheit i. o. S. verweist. Dieser Fiktion schließt aber nicht generell aus, dass eine bestehende Unzuverlässigkeit durch andere Gründe widerlegt wird; m. a. W., dass der Beauftragte nicht auch dann unzuverlässig sein kann, wenn er nicht bereits vorbestraft ist. Im obigen Fall ist daher aufgrund der zahlreichen Indizien das Fehlen der Zuverlässigkeit des C zu bejahen. Die BaFin kann daher die nichthandelnde Alexa-Bank wegen ihrer Passivität in diesem Fall verwarnen und den Einsatz des unzuverlässiger C untersagen (§ 87 Abs. 6 i. V. m. Abs. 5 WpHG).
Einer genauen Enzelfallprüfung bedarf die Frage, ob die BaFin Ihre Verwarnung oder ihre Einsatzuntersagung gem. § 87 Abs. 6 Nr. 2 WpHG – ohne Nennung den Namens Čorić – öffentlich bekanntmachen kann. Hier ist nach § 87 Abs. 6 Nr. 2 WpHG vorab zu prüfen, inwieweit eine solche Bekanntmachung den Interessen der Alexa-Bank erheblich schadet.

III. Spezialnormierung der Aufsicht der Wertpapierinstitute

Für Wertpapierinstitute schuf der deutsche Gesetzgeber mit der Umsetzung der Richtlinie 2019/2034 (IFD) und der Verordnung 2019/2033 (IFR) in dem **Wertpapierinstitutsgesetz (WpIG)** zum 26. Juni 2021 aufsichtsrechtliche Sondervorschriften. **303**

1. **Klassifizierung von Instituten.** Die Aufsicht der Wertpapierinstitute nach dem WpIG verfolgt, ausgehend von den europäischen Normsystemen der IFR und der Richtlinie IFD, das **Proportionalitätsprinzip**. Das heißt, diese Aufsicht differenziert die Wertpapierinstitute nach deren Größe und Bedeutung und ordnet ihnen eine stärkere oder mildere Aufsicht zu. **304**

> Je größer die Bedeutung des Wertpapierinstituts, desto mehr nähern sich seine Risiken denen von Banken und Kreditinstituten an, d. h., desto mehr gleicht deren Aufsicht der der Banken und Kreditinstitute.

2. **Einteilung der Wertpapierinstitute.** Das deutsche WpIG kennt zur Größeneinteilung der Institute drei Gruppen oder Klassen. **305**

> Die hier verwandte Einteilung des WpIG entspricht nicht deckungsgleich dem europäischen Recht. Um auch dieses zu veranschaulichen, unternimmt diese Darstellung eine Aufteilung in vier Kategorien.

a) **CRR-Institute.** Institute, die eine **systemrelevante** oder **bedeutende Stellung** innehaben (sog. CRR-Institute), unterliegen weiterhin der Aufsicht nach dem **KWG** bzw. der VO 575/2013 (CRR) i. V. m. Art. 1 Abs. 2 VO 2019/2033 (IFR), § 2 Abs. 15 WpIG. **306**

Die besondere Bedeutung dieser Institute macht das WpIG an der Bilanzsumme von mindestens **30 Mrd.** € fest, die entweder von dem Institut allein oder in der ihm zugehörigen Instituts-Gruppe erreicht werden muss. **307**

b) **Bedeutende/Große Nicht-CRR-Institute (sog. Klasse 1).** Unterfallen Institute mit einer bedeutenden Geschäftstätigkeit (mindestens **15 Mrd.** € Bilanzsumme; § 2 Abs. 18 WpIG, Art. 1 Abs. 2 u. Abs. 5 IFR) nicht der VO 575/2013 (CRR), unterfallen sie nicht der Aufsicht der EZB. **308**

Diese Institute unterstehen nach § 4 WpIG dann der Aufsicht nach der Rl 2013/36/EU (CRD IV) Titel VII und VIII, also zu weiten Teilen der Aufsicht des **309**

KWG, sowie zu kleinen Teilen der Sondervorschriften des **WpIG**, mit der Maßgabe, dass die §§ 12, 20–23, 38–54, 55 Nr. 1 und 2, 56–63, 76, 77 WpIG für diese Institute nicht eingreifen (§ 4 Satz 2 WpIG).

310 Grundsätzlich gelten daher für diesen Unternehmenstyp die Vorschriften des § 1 Abs. 3c Satz 1, Satz 2 Nr. 2 und 3; §§ 2a, 2d, 2e, 3, 6a–10e, 10g–18, 19–22, 24b–25d, 25f, 25g, 25l, 25m, 26–31, 36–38, 44–48t, 49, 54a, 55, 55a, 55b, 56 Abs. 2 Nr. 3 lit. b–d und f–n, 56 Abs. 4, 4a, 5 bis 8, 60b KWG fort.

311 c) **Mittlere Wertpapierinstitute (Klasse 2).** Institute, die entsprechend ihrer Größe **weder** unter die „**CRR-Kriterien**" (= **Klasse 1**) fallen **noch** als kleine Institute gelten (= **Klasse 3**) (§ 2 Abs. 17 WpIG, Art. 12 Abs. 1 und 3 IFR), unterstehen ab dem 26. Juni 2021 nicht mehr der Aufsicht des KWG bzw. der VO 575/2013 (CRR), sondern der des **WpIG** bzw. der VO 2019/2033 (IFR).

312 Das WpIG, insbesondere §§ 38, 39 WpIG, schafft für mittlere Institute neuartige Bestimmungen bezüglich deren Kapitalanforderungen. Diese stellen weniger auf die Bilanzwerte der Institute als auf deren Aktivitäten ab und beinhalten daher andere Messgrößen als die CRR-Bankenaufsicht. Insbesondere für Geschäftsleiter und Verwaltungs- oder Aufsichtsorgane der mittleren Institute enthalten die §§ 20, 21 WpIG Sondervorschriften.

313 d) **Kleine Institute (Klasse 3).** Kleine Institute (i. S. d. § 2 Abs. 16 WpIG, Art. 12 Abs. 1 VO 2019/2033 IFR) unterliegen den für sie erleichterten aufsichtsrechtlichen Regelungen des WpIG und der VO 2019/2033 (IFR). Zu ihnen rechnen Institute, deren
- Bilanzsumme unter **100 Mio. €**,
- jährliches Bruttoeinkommen unter **30 Mio. €**,
- Vermögenswerte unter **1,2 Mrd. €** liegen und deren
- Kundenaufträge
  - (je Tag beim Kassageschäft) unter 100 Mio. € oder
  - (je Tag für **Derivate**) unter **1 Mrd. €** betragen und deren Betrag der verwahrten und verwalteten Vermögenswerte, der Kundengelder, des täglichen Transaktionswerts aus Handelsgeschäften, des Nettopositionsrisikos oder der einem Clearingmitglied geleisteten Sicherheiten, des Handelsgegenparteiausfallrisikos gleich **Null** ist.

314 Während also ab dem 26. Juni 2021 **systemrelevante oder große Wertpapierinstitute** weiterhin weitgehend den aufsichtsrechtlichen Vorschriften des **KWG** bzw. der EU-Verordnung (EU) Nr. 575/2013 **CRR** unterliegen, schafft das WpIG

III. Spezialnormierung der Aufsicht der Wertpapierinstitute

für alle **anderen Wertpapierinstitute** eine eigene Rechtslage, deren Aufsicht sich nach den Bedeutungsklassen 1, 2, 3 richtet.

Die dementsprechende Anwendung der Aufsichtsregelung nach dem WpIG verdrängt – insbesondere für **mittlere** (Klasse 2) und **kleine Unternehmen** (Klasse 3) – überwiegend die für diese vormals einschlägigen Regelungen des KWG.

315

Für die Unternehmen, die unter das WpIG fallen, gelten dann folgende, in der Praxis besonders relevante Regelungsabweichungen:
- Die komplexe Unterscheidung von Bankgeschäften und Finanzdienstleistungen erfasst § 2 Abs. 2 WpIG einheitlich als Wertpapierdienstleistungen.
- Die Bestimmung der organisatorischen Vorkehrungen, die Institute zur Gewährleistung ihres ordnungsgemäßen Geschäftsbetriebs einzuführen und aufrechtzuerhalten haben (vormals §§ 25a und 25f KWG), übernehmen nun die Regelungen der §§ 38–46 WpIG.
- Die Erlaubnispflicht des § 32 KWG regelt nun § 15 WpIG.
- Die Anzeigepflichten des § 24 KWG regelt für alle Institute nun §§ 64–68 WpIG.
- Die Aufsicht des Erwerbs einer bedeutenden Beteiligung (sog. Inhaberkontrollverfahren) erfolgt statt nach § 2c KWG nun nach §§ 24–27 WpIG.
- §§ 20–23 WpIG enthalten Sondervorschriften für die aufsichtsrechtlichen Anforderungen, die an Geschäftsleiter sowie die Mitglieder des Verwaltungs- bzw. Aufsichtsrates von kleinen und mittelgroßen Wertpapierinstituten zu stellen sind.
- Große Institute unterliegen weiterhin den §§ 25c, 25d, 36 KWG, wobei diese nach dem 26. Juni 2021 der Aufsicht die personelle Besetzung von Schlüsselfunktionen mitzuteilen haben (§ 65 Abs. 1 WpIG).
- Die Regelung des EU-Pass-Verfahrens für inländische Wertpapierinstitute nach § 24a KWG übernehmen nun die §§ 70 bis 72 WpIG.
- Ebenso ersetzen §§ 73–75 WpIG die Aufsicht (§ 53b KWG) inländischer Geschäftsaktivitäten von Wertpapierinstituten, die ihren Sitz in einem anderen EU-Vertragsstaat haben.

IV. Die Sonderaufsicht für Investmentvermögen

316 Die „Sonderaufsicht" der BaFin (§§ 34, 60, 63, 86, 177, 215, 226, 335, 341 KAGB) von **Investmentvermögen** erfolgt seit der Umsetzung der OGAW I-Richtlinie (Rl 85/611/EWG) durch das Erste Finanzmarktförderungsgesetz v. 22. Februar 1990 nicht mehr nach den Vorschriften des KWG, sondern ausschließlich nach § 5 KAGB.

317 Die Aufsichtsmaßnahmen gleichen im Wesentlichen den oben angegebenen Maßnahmen der Bankenaufsicht nach dem KWG und der Wertpapierinstitutsaufsicht nach dem WpIG: So bedürfen Investmentgesellschaften
- **OGAW** (*Organismen für gemeinsame Anlagen in Wertpapieren* = umgangssprachlich auch: *Fonds*) und
- **AIF** (*Alternative Investmentfonds* = alle sonstigen *Fonds*)

zu ihrem Betrieb einer Erlaubnis der Aufsichtsbehörde BaFin (§ 20 ff. KAGB).

318 Daneben enthält das KAGB, wie auch das KWG und das WpIG, einen umfangreichen Katalog an Aufsichtsmaßnahmen. Dieser besteht aus:
- Informationseinholungen (§ 14 KAGB, § 43 KAGB i. V. m. § 46b Abs. 1, 1a und Abs. 3 KWG),
- behördlichen Prüfungen,
- Aufhebung der Betriebserlaubnis (§ 39 KAGB) sowie
- Eingriffen in die Geschäfte der Investmentgesellschaft, z. B.:
  - Abberufung von Geschäftsleitern (§ 40 KAGB),
  - Tätigkeitsverbote für diese (§ 40 KAGB),
  - Verbote der Kapitalentnahme durch Gesellschafter oder von Gewinnausschüttungen (§ 41 KAGB) bzw.
  - Verhängen geeigneter Maßnahmen zur Erfüllung der Verpflichtung einer Kapitalverwaltungsgesellschaft (KVG) (§ 42 Nr. 1 KAGB),
  - zur Sicherung von Vermögensgegenständen (§ 42 Nr. 2 KAGB),
  - zur Herstellung einer wirksamen Aufsicht über die KVG (§ 42 Nr. 3 KAGB) und zur
  - Stellung eines Insolvenzantrages (§ 43 KAGB).

319 Das System der KAGB-Aufsicht ist deswegen derart komplex, da es die Aufsicht aller im KAGB auftretenden Entscheidungsträger (Investmentgesellschaft, Kapitalgesellschaft, Verwahrstelle, Kapitalverwaltungsgesellschaften) speziell regelt.

V. Die staatliche Beaufsichtigung von Zahlungsdienstleistern

Mit dem Inkrafttreten des **Umsetzungsgesetzes** zur Zweiten **Zahlungsdienst-Richtlinie** (*Payment Service Directive II* (Rl 2015/2366)) am 13. Januar 2018 komplettierte der deutsche Gesetzgeber die bereits mit der Ersten Zahlungsdienst-Richtlinie (2007/64/EG) eingeführte staatliche Aufsicht von Zahlungsdienstleistern. **320**

Die Rl. 2015/2366 und somit auch das geänderte *Gesetz über die Beaufsichtigung von Zahlungsdiensten* (Zahlungsdiensteaufsichtsgesetz – ZAG) schließen nun viele innovative Zahlungsmittel oder -dienste in ihren Anwendungsbereich ein und stärken so den Verbraucherschutz, die Rechtssicherheit sowie die Möglichkeit zu technischen Innovationen auf dem Gebiet der Vertragserfüllung durch Bezahlung. **321**

1. **Zahlungsdienste.** § 1 Abs. 1 Satz 2 ZAG zählt die Zahlungsdienste abschließend auf. Diese betreffen das **322**
   - Ein- oder Auszahlungsgeschäft,
   - Zahlungsgeschäft ohne Kreditgewährung,
   - Zahlungsgeschäft mit Kreditgewährung,
   - Akquisitionsgeschäft,
   - Finanztransfergeschäft,
   - Zahlungsauslösedienste sowie
   - Kontoinformationsdienste.

Die begriffliche Bestimmung dieser Geschäftsarten findet sich in § 1 Abs. 1 Satz 2 des ZAG sowie in dem **Merkblatt der BaFin: Hinweise zum Zahlungsdiensteaufsichtsgesetz (ZAG)**.

2. **Die staatliche Zahlungsdienstleisteraufsicht.** Aufsichtsbehörde ist grundsätzlich die **BaFin** als Bankenaufsichtsbehörde. Die Aufsicht der Zahlungsdienstleister ist inhaltlich der der Banken- und Kreditinstitute nachgebildet. Insbesondere bedürfen auch die Betreiber von Zahlungsdiensten einer **Erlaubnis** (§ 10 Abs. 1 ZAG). Eigens für **E-Geld-Institute** ist eine spezielle Erlaubnis nach § 11 Abs. 1 Satz 1 ZAG erforderlich. **323**

13. Kapitel   Aufsichtsrecht über Banken, Kreditinstitute, Finanzdienstleister und Börsen

 Von großer Bedeutung beim Betrieb eines Zahlungsdienstes ist insbesondere, dass dieser keine **Einlagengeschäfte** i. S. d. § 1 Abs. 1 Satz 2 Nr. 1 KWG ausführt und so in den Tätigkeits- und Aufsichtsbereich von Banken und Kreditinstituten gerät, die hierfür eine eigene Erlaubnis bedürfen (§ 32 Abs. 1 KWG).

324   3. **Aufsichtsmaßnahmen.** Wie bei Banken und Kreditinstituten besitzt die BaFin gegenüber dem Zahlungsdienst umfangreiche Aufsichtsmaßnahmen (§§ 19 ff. ZAG). Diese reichen beispielsweise von
- **Informationseinholung** und **Prüfungen** (§ 19 ZAG, auch: § 44c KWG) bis hin zur
- **Abberufung** von Geschäftsführern und anderen Entscheidungsträgern (§ 20 ZAG)

oder umfassen auch inhaltliche Eingriffe in die Geschäftstätigkeit des Zahlungsdienstes, wie aufsichtsbehördliche:
- **Gewinnausschüttungsverbote,**
- Anordnung von **Risikobegrenzungsmaßnahmen,**
- **Untersagung** der Ausübung des **Zahlungsdienstes,**
- Verbote von **Geldannahmen,**
- **Veräußerungsverbote** bis zur
- **Schließung des Instituts** (§ 21 ZAG, auch: § 37 KWG).

325   Die Nichtbefolgung der Pflichten des Zahlungsdienstes kann im Einzelfall auch **strafrechtliche Sanktionen** nach sich ziehen (§ 63 ZAG bzw. § 54 KWG).

VI. Die Beaufsichtigung der Börsen

326   Der Börsenhandel unterliegt einer dreistufigen Aufsicht aus
- den Börsenaufsichtsbehörden der Länder,
- den Handelsüberwachungsstellen der Börse und der
- BaFin.

327   Jedes Bundesland hat eine **Börsenaufsichtsbehörde** zu unterhalten, welche die in ihrem Hoheitsgebiet beheimateten Börsen und deren Geschäftsverkehr überwacht.

VI. Die Beaufsichtigung der Börsen

Die Börsenaufsichtsbehörden sind in der Regel bei den Wirtschaftsministerien der Bundesländer angesiedelt.

Generelles Ziel der Börsenaufsichtsbehörde ist es, die ordnungsgemäße Börsengeschäftsabwicklung der jeweiligen Börse sicherzustellen und damit den Anleger und den Emittenten vor Verlusten zu schützen (§ 3 Abs. 1 Satz 3 BörsG). Die Aufsicht umfasst die Prüfung
- der Einhaltung der börsenrechtlichen Vorschriften und
- der von der Börsenaufsichtsbehörde erlassenen Anordnungen sowie
- der ordnungsmäßigen Durchführung und
- Erfüllung des Börsenhandels (§ 3 Abs. 1 Satz 3 BörsG).

328

Zur Wahrnehmung dieser Aufgaben besitzt die Börsenaufsichtsbehörde weitreichende Auskunfts- und Ermittlungsbefugnisse gegenüber der Börse, den Börsenträgern und den Handelsteilnehmern (§ 3 Abs. 4 BörsG). Zudem stellt das BörsG der Börsenaufsichtsbehörde das Instrument der Anordnung (§ 3 Abs. 5 BörsG) zur Verfügung. Die Börsenaufsichtsbehörde kann der Börse insbesondere folgende Anordnungen auferlegen:

329

Tab. 22: Anordnungen der Börsenaufsichtsbehörde

Anordnungen der Börsenaufsichtsbehörde i. S. d. § 3 Abs. 5 BörsG	
Aussetzung oder Einstellung des Börsenhandels mit	
• einzelnen oder mehreren Finanzinstrumenten	§ 3 Abs. 5 Nr. 1 BörsG
• Rechten	§ 3 Abs. 5 Nr. 1 BörsG
• Wirtschaftsgütern	§ 3 Abs. 5 Nr. 1 BörsG
Untersagung der Nutzung	
• zentrale Gegenpartei	§ 3 Abs. 5 Nr. 2 BörsG
• Clearingstelle	§ 3 Abs. 5 Nr. 2 BörsG
• börsliches Abwicklungssystem	§ 3 Abs. 5 Nr. 2 BörsG
• externes Abwicklungssystem	§ 3 Abs. 5 Nr. 3 BörsG
• algorithmische Handelsstrategie	§ 3 Abs. 5 Nr. 4 BörsG

Kommt die Börse den Anordnungen nicht nach, steht es der Börsenaufsichtsbehörde zu, Beauftragte zu bestellen, die die Aufgaben der Börse oder eines ihrer Organe auf Kosten des Börsenträgers wahrnehmen (§ 3 Abs. 10 BörsG). Ferner kann die Börsenaufsichtsbehörde der Börse die Betriebserlaubnis entziehen (§ 4 Abs. 5 BörsG).

330

331 Ein weiteres Organ der Börsenaufsicht ist die **Handelsüberwachungsstelle**. Gemäß § 7 BörsG muss jede Börse im Rahmen ihrer Selbstüberwachung eine Handelsüberwachungsstelle einrichten. Sie ist ein Börsenorgan (§ 7 Abs. 1 Satz 1 BörsG) und untersteht der Börsenaufsichtsbehörde. Der Handelsüberwachungsstelle kommen die Aufgaben zu,
- systematisch einschlägige Handelsdaten von der Börse auszuwerten und
- Prüfungen durchzuführen (§ 7 Abs. 1 Satz 2 BörsG),

um bei **Unregelmäßigkeiten** unverzüglich die Börsenaufsichtsbehörde zu informieren (§ 7 Abs. 5 BörsG), damit diese – die oben erläuterten – Maßnahmen ergreifen kann. Die Handelsüberwachungsstelle steht damit „im Dienste" der Börsenaufsichtsbehörde vor Ort. Zur Wahrnehmung ihrer Aufgaben besitzt die Handelsüberwachungsstelle weitgehend die gleichen Auskunfts- und Ermittlungsbefugnisse wie die Börsenaufsichtsbehörde (§ 7 Abs. 3 i. V. m. § 3 Abs. 4 Satz 1–5 BörsG).

332 Den dritten Akteur innerhalb der Börsenaufsicht bildet die **BaFin**. Der BaFin kommt die Funktion einer allgemeinen Marktaufsicht zu. Sie überwacht die Märkte und das Verhalten der Marktteilnehmer. Hierzu zählt die Überwachung
- des Insiderhandelsverbots,
- des Marktmanipulationsverbots und
- der aktienrechtlichen Mittelungspflichten nach §§ 21 ff. WpHG.

333 Zudem ist die BaFin für die Billigung der Wertpapierprospekte verantwortlich (siehe oben Rn. 105 ff.).

VII. Rechtsfolgen

334 Das Aufsichtsrecht regelt nicht nur die Beziehungen zwischen der Aufsichtsbehörde und dem zu beaufsichtigenden Institut. Auch der Kunde, Anleger oder Investor kann von der Durchführung der Aufsicht betroffen und im Idealfall in seinen vermögensrechtlichen Interessen geschützt sein. Dieser Unterscheidung entsprechend interessant sind die „Rechtsfolgen", die das deutsche Aufsichtsrecht derzeit den Beteiligten einräumt.

335 1. Rechtsfolgen bei aufsichtsrechtsrelevanten Pflichtverletzungen des Instituts. Grundsätzlich besitzen aufsichtsrechtsrelevante Verstöße gegen Pflichten der

Unternehmer lediglich ordnungsrechtliche Sanktionen wie Bußgelder oder Strafen.

Derartige Verstöße können aber auch Indiz für eine **nicht ordnungsgemäße** **336** **Geschäftsorganisation** und **Geschäftsführung** und im Einzelfall auch für die **Unzuverlässigkeit** der Mitglieder ihres Leitungsorgans bzw. des Verwaltungs- oder Aufsichtsorgans oder für deren *fehlende Sachkunde* im Sinne des § 32 Abs. 1 Nr. 8 KWG sein und dann zu **gravierenden aufsichtsrechtlichen Sanktionen** zu Lasten des Instituts, beispielsweise zum
- Versagen der Bankbetriebs-Erlaubnis (§ 33 Abs. 1 Satz 1 Nr. 2, 3 und 4 KWG),
- Aufheben dieser Erlaubnis (§ 35 Abs. 2 Nr. 3 KWG; auch i. V. m. § 38 KWG) oder im Extremfall zur
- Abberufung der Geschäftsleitung (§ 36 Abs. 1 KWG)

führen.

2. Zivilrechtliche Rechtsfolgen bei Aufsichtsfehlern (Aufsichtsverschulden). **337** Eine andere Frage ist die, ob die Aufsichtsbehörde, also der Staat, selber für Schäden haften soll, die dem Privaten, etwa dem Anleger, daraus entstehen, dass die Aufsichtsbehörde ihrer **Aufsichtspflicht** nicht, unzureichend oder mit den ungeeigneten Mitteln nachkommt (sog. *Aufsichtsverschulden*).

Die Frage, ob ein Kunde eines Instituts, das aufgrund seiner überaus riskanten **338** Geschäfte insolvent geworden ist und den Kunden ihre Einlagen bzw. eingezahlten Sparbeträge (Darlehen i. S. d. § 488 BGB) nicht mehr zurückerstatten kann, Schadenersatz gegenüber dem Institut – aufgrund seines unzureichenden Risikomanagements – verlangen kann, hat die Rechtsprechung bereits im Fall *Herstatt* abschlägig beschieden.

3. Haftung der Aufsichtsbehörden. Die Frage nach der Haftung der Aufsichts- **339** behörde bei fehlender oder unzureichender Beaufsichtigung stellte sich erneut im „Wirecard-Skandal". Auch dort konnte man der BaFin vorwerfen, nicht ausreichende Aufsichtsmaßnahmen getroffen zu haben oder der Aufsichtspflicht nicht energisch und konsequent nachgekommen zu sein.

Ein **Amtshaftungsanspruch** gegenüber den Aufsichtsbehörden wegen eines **340** nicht oder nicht ausreichenden aufsichtsrechtlichen Eingreifens bei einem möglichen Verstoß gegen einzelne Pflichten des Instituts greift, nach der derzeitigen Rechtsprechung, zur Begründung von Schadenersatzansprüchen nicht.

13. Kapitel Aufsichtsrecht über Banken, Kreditinstitute, Finanzdienstleister und Börsen

341 Zwar befand der BGH bereits in seiner *Herstatt-Entscheidung* vom 12. Juli 1979 (BGH, 12.7.1979 – III ZR 154/77, BGH WM 1979, 873 ff.), dass eine Amtspflichtverletzung von Aufsichtsbehörden bestehen könne. Die Rechtslehre schloss aber einen Amtshaftungsanspruch deswegen aus, da die Aufsichtspflicht staatlicher Behörden wie der BaFin (vormals: *BaKred*) „ausschließlich" **im öffentlichen Interesse** und nicht im Interesse des individuellen Bankkunden läge. Diesen begünstige zwar die Einhaltung gesetzlicher Regeln, worunter auch die Aufsichtsregeln der Banken und Kreditinstitute fallen, allerdings erfolge diese Begünstigung des Bankkunden lediglich als **Reflex**. Einen eigenständigen Rechtsanspruch bieten daher Aufsichtsregeln grundsätzlich nicht.

342 Besaßen die aufsichtsrechtlichen Regelungen neben der ordnungspolitischen Verfolgung des öffentlichen Interesses noch andere Interessenwahrnehmungen und ermöglichten so die Aussicht auf eine generelle Staatshaftung zugunsten der Kunden, so übernahm der deutsche **Gesetzgeber** mit der Neufassung des § 81 VAG bereits im Jahr 1992 und letztlich mit der Änderung des § 4 Abs. 4 FinDAG im Jahr 2002 obige Sichtweise und schloss Amtshaftungsansprüche bei Aufsichtsverschulden kategorisch aus.

Stichwortverzeichnis

Die Ziffernangaben beziehen sich auf die Randnummern des Buches.

A
Ad-hoc-Publizität 54, 83
AIF 291, 292, 317
AIFM-Richtlinie 280, 282
Akquisitionsgeschäft 322
Aktie 3, 5, 62, 72, 75, 76, 84, 86, 90, 116, 125, 129, 131, 144, 172, 172, 212, 234, 243, 247, 256, 266, 267, 273, 276
Aktiengesellschaft 76, 88, 90, 91, 234, 247
aktienvertretendes Zertifikat 62
Allgemeine Geschäftsbedingungen 191, 193
Amtshaftungsanspruch 340
Angebotsverfahren 251, 257, 265
angemessene Gegenleistung 256
Anlageberater 120, 142, 157, 158, 166, 180, 183, 185, 189, 195, 202, 302
Anlageberatung 49, 142, 155, 160, 164, 164, 169, 172, 173, 176, 183, 185, 195, 196, 201
anlageunerfahrener Kunde 169
Anleger-Mitteilungspflicht 212
Anlegerschutz 52
Anleihe 62, 75, 167, 172, 186
Anzeigepflicht 14
aufklärungsbedürftiger Kunde 166, 168
Ausgabepreis 129

B
BaFin 72, 322, 332
Basel 29, 29, 297
Beratungsbedürftigkeit 170
Beratungspflicht 159, 164, 170, 175, 185, 186, 188, 202
Beratungsverschulden 158, 191, 193
Beratungsverzicht 187, 188
Beteiligungs-Insider 226, 227

Billigung des Prospekts 72, 103, 105, 107, 109, 114, 333
Börse 50, 53, 55, 59, 62, 64, 65, 69, 76, 79, 84, 85, 90, 233, 243, 259, 277, 295, 326, 328, 331
Börsenaufsichtsbehörde 68, 70, 87, 326, 327, 331
Börsengeschäftsbedingungen 67
Börsengeschäftsführung 67
Börsenhändler-Prüfungsordnung 67
Börsenordnung 67, 78, 84
Börsenprodukt 59, 63
Börsenrat 67
Börsenträger 69
Börsenzulassung 76, 88, 90

C
Capital Requirement Directive 297, 309
Capital Requirement Regulation 297, 306, 311
Commercial Paper 100
Compliance-Beauftragter 49, 205, 302
Comply or Explain 46

D
Delisting 85, 89, 91
Deutsche Börse Scale 55
Dienstleistungsfreiheit 31
Directors Dealing 54
DotCom-Krise 279
durchschnittlicher Anleger 115

E
EBA 43, 47
Einbeziehung 78, 79
einfaches Erwerbsangebot 253
Einlagengeschäft 323
Einlagenzertifikat 100

Stichwortverzeichnis

E
EIOPA 43
Emissionszertifikat 36, 56, 62
Erlaubnis 70, 291, 292, 315, 317, 323, 323, 336
Erwerbspreis 129
ESMA 43, 47
EU 28, 31, 78
EU-Prospekt-Verordnung 99
europäisches Stabilitätssicherungssystem 298
EZB 297, 308

F
Fach- und Sachkenntnis 126
Fahrlässigkeit 126, 192
Falschberatung 155, 199
fehlende Aufklärungsbedürftigkeit 168
feindliche Übernahme 88, 248, 266
Finanzdienstleistungsinstitut 301
Finanzierungsfunktion 50
Finanzmarktnovellierungsgesetz 35, 35, 147, 217
Finanztransfergeschäft 322
Folgepflicht 80
Fonds-Typ 274
Freiverkehr 52, 54, 55, 67, 79, 250
Fusion 20
Future 62, 172

G
Gebührenordnung 67
Geldmarktinstrument 62, 100
Geldstrafe 9
General Standard 84
Genussschein 62
geregelter Markt 53, 90, 118
gesamtschuldnerische Haftung 122, 129, 137
Geschäftsführung 336
geschlossener Fonds 172, 275
Gewinnausschüttungsverbot 324
Going Private 88
Goldener Fallschirm 268
grauer Kapitalmarkt 57, 58
grenzüberschreitende Tätigkeit 21
Guidelines 43, 47

H
Haftungsausschluss 191 ff., 193 f.
Haftungsfreizeichnung 133, 140
Halbjahresfinanzbericht 82
handelbare Ware 62, 77
Handelsordnung 67, 79
Handelsüberwachungsstelle 68, 331

I
Immobilienkrise 278
individuelles Angebot 250
Informationsmedium 183
Informationspflicht 14, 39, 54, 84, 165, 180, 185, 186, 206, 211, 211, 233
Insider 226
Insiderhandel 211, 214, 226, 232, 332
Insiderinformation 35, 83, 187, 211, 213, 216, 218, 222, 227, 230, 234
Insiderliste 35, 54
Insolvenz 144, 176, 318
Interessenausgleich 269
Investment Firm Directive 297, 303
Investmentvermögen 316
IOSCO 29

J
Jahresfinanzbericht 81

K
Kapital- und Zahlungsverkehrsfreiheit 31
Kapitalverwaltungsgesellschaft 285, 285
Kausalität 136
Kenntnis-Insider 227
kleine und mittelgroße Unternehmen 277
KMU-Wachstumsmarkt 55
Know your Customer 165, 171, 172
Kohärenz 106
Kommanditgesellschaft auf Aktien 247
Kontoinformationsdienst 322
Konzepteur 148
Kundenberatung 157
kurzfristiges Geldmarktinstrument 62

M
MaComp 147, 149, 153, 205

Macroton 91
Managers Transactions 54, 84
Marktmanipulation 9, 35, 95, 206, 214, 217, 235, 237, 243, 244, 332
Marktmissbrauchs-Verordnung 217
Markttransparenz 11, 247
Meldepflicht 14, 38
MiFID I 35, 47, 155
MiFID II 35, 35, 41, 44, 47, 53, 55, 100, 147, 297
MiFIR 35, 47, 49, 217
Mitteilungspflicht 14, 22, 25, 55, 210, 212, 234
Mitverschulden 121, 136
multilaterales Handelssystem 52, 211

N
Nachforschungsmöglichkeit 126
nicht-aufklärungsbedürftiger Kunde 167, 168

O
offener Fonds 62, 172, 275
öffentliches Angebot 94, 101, 108, 118, 249, 257, 265
öffentliches Bank- und Kapitalmarktrecht 297
OGAW 281, 291, 293, 317
OGAW-Richtlinie 280, 281, 297, 316
Omnibus II-Richtlinie 297
Open Market 79
Option 19, 62, 166, 169, 172
ordnungsbehördliche Beaufsichtigung 210
Organ-Insider 226, 227
organisiertes Handelssystem 56
OTF 36
Over-the-Counter-Markt 38, 57

P
Pflichtangebot 91, 252 f., 255 ff.
Prime Standard 84
Privatanleger 287, 290, 293
Product Governance 47, 147
Produktfreigabeverfahren 147
Produktinformation 96

professioneller Anleger 287, 290, 293
prohibitive Kosten 4, 51, 96
Proportionalitätsprinzip 304
Prospekterlasser 123
Prospektveranlasser 124

Q
Q & A 43, 229
Quotation Board 79

R
Rating 7, 184, 281
Rechtsanwalt 125
regulierter Markt 52, 53, 56, 72, 76, 79, 84, 86, 101, 249
Richtlinie 34
Risikodiversifizierung 276

S
Sachkunde 143
Sachkundenmangel 336
Sachverständiger 127, 142
Scale-Segment 79
Scalping 238, 243
Schadenersatzanspruch 24
Schadensminderungspflicht 195
Schatzanweisung 100
Selbstemission 75
semi-professioneller Anleger 287, 290
Sondervermögen 273, 285
Sozialplan 269
Spekulationsgeschäft 179
Squeeze out 76, 88, 266, 270
Stellungnahme 263
Steuerberater 127, 142
Stimmrechtsbeteiligung 211
Straftat-Insider 226, 227

T
teilrechtsfähige Anstalt öffentlichen Rechts 65
Testat 184
Transparenz 19
Transparenzanforderungs-Umsetzungsgesetz 208

U

Übernahmeangebot 254
Umschuldung 176
Unternehmens-Finanzierungs-Funktion 2
Unternehmensübernahme 20
Untersagung 324
US-amerikanische Immobilienkrise 279

V

Veräußerungsverbot 324
verbotene Geschäfte 9
Vereinheitlichung 44
Verjährung 133, 140, 190
Verkehrsfähigkeit 77
Vermögensdisposition 160
Veröffentlichungsmedium 104
Veröffentlichungspflicht 259
Verordnung 33
Vertrag mit Schutzwirkung zugunsten Dritter 143
vertraglicher Haftungsausschluss 192
Vertriebsinstitut 153
Verwahrstelle 286
völkerrechtlich-vertragliche Regel 28

W

Währungs-Anleihe 172
Weißer Ritter 267
Weiterveräußerungspreis 131
Wertpapierdienstleistungsunternehmen 44, 49, 148, 204, 234
Wertpapiererwerbs- und Übernahmegesetz 247
Wertpapierinformationsblatt 108
Wertpapierinstitut 314
Wettbewerb 3
Wirecard-Skandal 339
Wirtschaftsprüfer 81, 125, 142, 144, 184
Wohlverhaltenspflicht 165, 204, 205

Z

Zahlungsdienst 324
Zahlungsdienstleister 320
Zahlungsdienst-Richtlinie 320
Zahlungsfähigkeit 7
Zahlungswilligkeit 5
Zielmarkt 35, 149, 153
Zwangs-Delisting 87